AF493954

FACULTÉ DE DROIT DE PARIS.

THÈSE

POUR LE DOCTORAT.

L'acte public sur les matières ci-après sera présenté et soutenu,
le lundi 24 juillet 1854, à huit heures et demie,

Par HENRI FOURCHY, né à Paris.

Président, M. DE VALROGER, Professeur.

Suffragants : MM. PELLAT, BONNIER, MACHELARD, Professeurs. COLMET DE SANTERRE, Suppléant.

Le Candidat répondra en outre aux questions qui lui seront faites sur les autres matières de l'enseignement.

PARIS,
VINCHON, FILS ET SUCCESSEUR DE Mme Ve BALLARD,
IMPRIMEUR DE LA FACULTÉ DE DROIT DE PARIS,
Rue Jean-Jacques-Rousseau, 8.
1854.

A MA MÈRE.

DROIT ROMAIN.

QUI POTIORES IN PIGNORE VEL HYPOTHECA HABEANTUR ET DE HIS QUI IN PRIORUM CREDITORUM LOCUM SUCCEDUNT.

(Dig., lib. xx, tit. 4.)

Ce titre a deux objets. Il traite d'abord du rang des créanciers gagistes ou hypothécaires entre eux, et en second lieu des moyens auxquels les créanciers postérieurs peuvent avoir recours pour se substituer aux premiers créanciers. En d'autres termes, nous aurons à expliquer l'ordre dans lequel les créanciers se trouvent placés primitivement et les changements qui peuvent y être apportés. Avant d'entrer dans l'examen des règles relatives aux deux questions dont traite notre titre, nous croyons qu'il est nécessaire de donner quelques explications sur l'importance qu'il y avait en droit romain, pour un créancier, à se trouver en première ligne.

Remarquons, avant tout, que les principes que nous allons exposer sont communs aux créanciers gagistes et aux créanciers hypothécaires (*qui potiores in pignore vel hypotheca habeantur*). On sait, en effet, que le gage et l'hypothèque ne diffèrent pas entre eux, relativement au droit réel dont ils affectent la chose (1). Aussi nous n'hésiterons pas à nous servir indifféremment des termes de gage et d'hypothèque.

L'avantage le plus saillant que la priorité assurait au créancier hypothécaire était le droit d'être payé avant tous les autres créanciers. Il est inutile d'insister sur ce point. Ce droit est une conséquence nécessaire de la nature même de l'hypothèque; il est évident que celui auquel la loi reconnait un droit réel préférable sur le bien hypothéqué doit conserver cette préférence sur le prix qui représente ce bien. Il en était ainsi en droit romain, il en est ainsi dans notre droit; il en sera de même dans toutes les législations qui considéreront l'hypothèque comme un droit réel garantissant le paiement d'une créance.

Mais ce n'était pas seulement sous ce rapport que le créancier préféré avait une grande supériorité sur les autres créanciers hypothécaires. Il y avait deux droits d'une grande importance, dont il jouissait à raison de son rang de priorité. Le premier était le droit de se faire mettre en possession du bien hypothéqué et d'en exiger la remise de tout individu qui en était détenteur, même d'un créancier hypothécaire qui ne viendrait qu'à un rang inférieur. Les autres créanciers hypothécaires pouvaient, il est vrai, se faire remettre la possession de la chose hypothéquée; mais ils devaient toujours craindre de se la voir enlevée par le créancier qui venait en premier ordre (2). On comprend facilement quel intérêt il y avait pour un créancier à avoir en sa pos-

---

(1) Institut., liv. IV, tit. VI, § 7... Inter pignus et hypothecam, quantum ad actionem hypothecariam attinet, nihil interest.

L. 5, § 1, Dig., de pignoribus et hypothecis... Inter pignus autem et hypothecam tantum nominis sonus differt.— Cette dernière phrase est beaucoup trop générale, et nous n'avons pas besoin d'énumérer ici les différences notables qui existent entre le gage et l'hypothèque, tant à l'égard de la nature de la convention qui leur a donné naissance, que relativement aux circonstances qui les accompagnent. V. Instit., liv. IV, tit. VI, § 7, in fine; Dig., L. 9, 2, de pign. act.; L. 4, de pign. et hypoth., Dig., L. 238, § 2, D., de verb. signific.

(2) Dig., l. 12, princip., hoc titulo.

session la chose qui garantit le paiement de la créance, soit pour veiller lui-même à la conservation de cette chose, soit pour s'assurer qu'elle ne serait pas remise au débiteur avant l'entier acquittement de la dette et pour exercer ainsi sur lui une contrainte qui hâterait le paiement, soit enfin pour vendre la chose à des conditions plus avantageuses, puisqu'il pouvait mettre l'acheteur en possession.

Le second droit dont le premier créancier jouissait à l'exclusion des autres était plus précieux encore : c'était le droit de vendre la chose hypothéquée ou engagée. La vente de la chose hypothéquée est le seul moyen par lequel les créanciers puissent s'assurer l'exercice du droit de préférence qui leur a été conféré. Or, le droit de procéder à cette vente était spécialement attribué au premier créancier (1). Les autres créanciers se trouvaient dans une position d'autant plus désastreuse que la vente, consentie par le premier créancier, purgeait la chose hypothéquée de toutes les hypothèques dont elle pouvait être grevée (2). Ils n'avaient donc plus aucun recours contre le détenteur de cette chose. Ils n'avaient qu'une ressource, c'était de demander au premier créancier ce qui lui restait du prix. Mais il était possible que le premier créancier, qui ne se préoccupait que d'une seule question, le paiement de ce qui lui était dû, eût vendu la chose hypothéquée en temps inopportun, de telle sorte qu'elle n'avait pas atteint sa véritable valeur, et qu'après que le premier créancier avait été désintéressé, il ne restait plus rien ou presque rien pour les autres créanciers.

On voit par les courtes explications que nous venons de donner tout l'intérêt qui s'attachait en droit romain à la question de savoir quels étaient les créanciers qui venaient en premier

---

(1) Dig., L. 1 et L. 5, princ., de distract. pign.; L. 8 au C., qui pot. in pign... Nec alias secundum creditorem distrahendi potestatem hujus pignoris consequi, nisi priori creditori debita fuerit soluta quantitas.

(2) L. 7 au C., de obligationibus et actionibus (IV, 10).

ordre. Il est donc très important de rechercher quels sont les principes en cette matière. C'est ce dont nous allons nous occuper dans le paragraphe suivant.

De l'ordre des créanciers hypothécaires. — La règle générale qui domine cette matière est extrêmement simple. La date des hypothèques détermine l'ordre dans lequel elles doivent être classées, de telle sorte que la plus ancienne est celle qui doit avoir le premier rang. Presque tous les textes dont se compose le titre que nous examinons en ce moment ne sont que des conséquences de ce principe qui est posé en termes fort clairs et fort précis dans la loi 4 au C, (*qui potiores in pignore*)..., *sicut priores tempore ita potiores jure.*

Mais si ce principe est simple, l'application n'en est pas toujours aussi facile qu'on pourrait le croire. Nous en trouvons la preuve dans la première loi de notre titre. Voici l'espèce posée dans le principium. Primus a promis une dot à une femme et il a stipulé sur un bien du mari une hypothèque garantissant la restitution de cette dot, dans le cas où il pourrait la demander; puis il a payé une partie de la dot. Le mari a ensuite hypothéqué le même bien à Seius et ce n'est que postérieurement que Titius a payé le complément de la somme qu'il avait promise. On demande si, pour la portion de la dot qu'il a acquittée en dernier lieu, Titius devra venir au premier rang comme pour la somme qu'il a payée comptant, ou bien s'il ne sera pas primé par Seius. Papinien répond qu'il viendra au premier rang pour la dot tout entière.

Dans le § 1 de la même loi on suppose que Titius a reçu hypothèque de Mævius pour la somme qu'il pourrait lui prêter dans un délai de deux mois. Avant que Titius n'eût donné cette somme à Mævius, celui-ci avait hypothéqué le même bien à Seius purement et simplement. Papinien décide que dans ce cas Seius viendra en premier rang et primera Titius. Pourquoi le jurisconsulte donne-t-il des décisions différentes dans ces deux espèces qui semblent au premier abord avoir une assez grande analogie? Papinien nous l'explique lui-même. *Dans le premier cas*, nous dit-il, *on ne peut pas dire que Titius fût libre de ne pas compter au mari le reste de la dot*. Dans le second cas, au contraire, Titius pouvait parfaitement se dispenser de prêter son argent à Mævius, et s'il l'a fait, quant il savait que Mævius avait déjà hypothéqué sa chose à Seius, il s'est par cela même soumis volontairement à ne venir qu'en second ordre. Cette loi nous montre donc que l'hypothèque date du jour où les deux parties entre lesquelles est intervenue la convention d'hypothèque, sont liées irrévocablement. Nous trouvons des applications de cette règle dans les lois 9 *princip.* et § 1 et 2, 11 *princip.* et § 1 et 2 et 12, § 2 *in fine* (*hoc titulo*). Voici ce que décide le jurisconsulte Africanus dans la loi 9 Pr. et § 1 : Titius a pris à bail un établissement de bains à partir des calendes prochaines et il a engagé son esclave Eros au bailleur pour garantie du paiement du loyer. Puis avant les calendes de juillet il a hypothéqué le même esclave Eros à un autre individu qui lui a prêté de l'argent; le bailleur doit-il être préféré à ce créancier? Le jurisconsulte répond qu'il doit l'être; car, dit-il, quoique au moment où l'esclave a été engagé au bailleur, il ne fût encore dû aucun loyer, cependant comme dès ce moment on ne pouvait pas, sans le consentement du bailleur, faire disparaitre le droit de gage qui lui avait été accordé sur Eros, c'est le bailleur qui doit avoir le premier rang. Africanus ajoute que l'on doit à plus forte raison accorder la préférence au créancier sous condition, contre celui qui aurait reçu hypothèque postérieurement (mais avant l'événement de la condition), pourvu que ce ne fût pas une condition qui ne pût être accomplie qu'avec le concours de la volonté du débiteur. Nous voyons en effet dans la loi 11 *princip.* et § 2, Gaïus citer deux cas dans lesquels le créancier qui a reçu hypothèque sous une condition dépendant de la volonté du débiteur prendra rang non pas à partir du jour de la convention, mais à partir de la réalisation de la condition; car tant que la condition n'était pas accomplie, comme le débiteur pouvait à son gré en amener ou en empêcher la réalisation, les parties n'étaient pas liées irrévocablement.

Nous avons dit que le créancier qui avait la priorité était celui qui avait l'hypothèque la première en date. Mais pour jouir de tous les avantages attribués à la primauté est-il nécessaire qu'il les ait formellement stipulés dans la convention qu'il a faite avec le débiteur? S'il a omis, par exemple, de se faire attribuer le droit de vendre la chose hypothéquée, puis qu'un créancier postérieur ait stipulé ce droit, ce second créancier aura-t-il, sur ce point fort important, le droit d'être préféré au créancier plus ancien? La loi 12, § 10 (*h. tit.*), répond à cette question. Elle décide que le créancier le plus ancien, lors même qu'il serait simplement convenu d'une manière générale qu'il aurait hypothèque, aurait à tous égards le premier rang. De même celui qui a le premier stipulé un droit d'hypothèque serait préféré à un créancier hypothécaire postérieur, lors même que celui-ci se serait fait mettre en possession de la chose hypothéquée.

Nous avons supposé jusqu'ici que le débiteur avait engagé ou hypothéqué une chose qui lui appartenait. Mais qu'arriverait-il dans le cas où il aurait hypothéqué une chose qui n'existait pas encore ou dont il n'était pas encore propriétaire? Quel sera dans ce cas l'ordre des créanciers hypothécaires?

La loi 11, § 3 (*h. tit.*), prévoit le cas où le créancier aurait hypothéqué une chose future, comme par exemple la part d'une esclave. Gaïus décide que cette convention est valable si au moment où elle a été conclue le débiteur avait *in bonis* l'esclave dont l'enfant a été hypothéqué même avant sa naissance. En conséquence, le créancier qui a reçu cette hypothèque prendra rang à partir du jour de la convention. Il en serait de même dans le cas où le débiteur aurait hypothéqué les fruits à venir d'un fonds, pourvu qu'il eût été propriétaire ou tout au moins usufruitier de ce fonds au moment où il l'engageait.

Voyons maintenant quelle sera la date de l'hypothèque que le débiteur aurait donnée sur une chose qui ne lui appartenait pas encore et dont il n'était pas en possession, mais dont il était créancier. La loi 3, § 1 (*h. tit.*), nous apprend que dans ce cas l'hypothèque datera, non pas du jour où le débiteur a pris possession de la chose hypothéquée, mais du jour même de la convention.

La loi 14 (*h. tit.*) suppose que le débiteur a donné successivement hypothèque à deux personnes sur une chose dont il n'était pas propriétaire, dont il n'était même pas créancier (mais dont les créanciers le croyaient propriétaire), et le jurisconsulte décide que chaque créancier prendra rang d'après la date de son hypothèque.

Ainsi, il résulte de ces deux lois que lorsque un débiteur a promis hypothèque sur des choses qui ne lui appartenaient pas encore, si ces choses entrent dans son patrimoine, les créanciers doivent être classés d'après l'ordre de leurs hypothèques et ne doivent pas concourir.

La loi 21, *princip.* (*h. tit.*), donne une décision analogue. Nous y voyons un débiteur qui, après avoir hypothéqué tous ses biens présents et à venir à Seïa, dont il a été le tuteur, hypothèque ensuite tous ses biens au fisc. On demande si Seïa doit être préférée au fisc sur les biens acquis depuis la première obligation, et le jurisconsulte répond qu'il ne voit pas pourquoi elle ne serait pas préférée.

Il est vrai qu'on nous oppose la loi 7, § 1 (*h. tit.*), qui est conçue en ces termes : Si je vous hypothèque tous mes biens à venir et que j'hypothèque spécialement tel fonds à Titius pour le cas où j'en deviendrais propriétaire ; puisque j'acquiers ce fonds, Marcellus pense que les deux créanciers devront concourir, car peu importe que le débiteur ait acquis ce fonds avec son argent, puisque la chose achetée avec l'argent hypothéqué n'est pas hypothéquée, par ce seul motif que l'argent qui a servi à l'acheter était lui-même hypothéqué.

Nous croyons qu'il est facile d'écarter l'argument que l'on tire de ce texte. En effet, si le jurisconsulte déclare qu'il y a concours entre les deux créanciers qui ont reçu hypothèque sur la chose avant qu'elle ne fût entrée dans le patrimoine du débiteur, cela tient à ce que les deux créanciers ont reçu hypothèque en même temps. Il n'y avait de difficulté que sur un seul point : celui qui avait reçu hypothèque sur tous les biens à venir du débiteur, disait à l'autre : Vous ne pourrez pas avoir hypothèque sur cette chose, car elle a été achetée avec l'argent qui m'était hypothéqué à moi seul ; elle a dû prendre la place de l'argent qui a servi à en payer le prix ; donc je dois seul avoir hypothèque sur cette chose. Le jurisconsulte répond que ce raisonnement ne peut être admis, et qu'en conséquence les deux créanciers concourront.

Ainsi, la loi 7, § 1, ne déroge pas au principe posé dans les lois 3, § 1, 14 et 21 (*h. tit.*). Ce principe d'ailleurs nous semble fondé sur l'équité ; car il serait injuste, suivant nous, de mettre au même rang deux créanciers qui ont reçu successivement hypothèque.

Le créancier qui a reçu une hypothèque générale doit être classé à la date de son hypothèque, comme tout autre créancier hypothécaire. Ainsi nous voyons dans la loi 2 (*h. tit.*) que lorsqu'un créancier a reçu une hypothèque générale sur tous les biens du débiteur puisque postérieurement l'un de ses biens, un fonds de terre, par exemple, a été hypothéqué à un autre créancier ; la préférence sur ce fonds de terre appartient au créancier le premier en date, c'est-à-dire au créancier qui a hypothèque générale. Le créancier qui a hypothèque spéciale ne pourra pas lui dire : vendez les autres biens sur lesquels vous avez également hypothèque et dont la valeur est suffisante pour vous désintéresser, et laissez-moi venir en première ligne sur ce fonds qui constitue ma seule garantie.

Ajoutons cependant que l'application rigoureuse de cette règle a paru trop dure pour le second créancier, et que les empereurs Sévère et Antonin ont cru devoir y apporter dans un cas particulier, un tempérament fondé plutôt sur l'équité que sur les principes. Voici quels sont les termes de leur constitution que nous trouvons au Code, L. 2, *de pignoribus et hypothecis* (liv. VIII, tit. XIV).

Quoiqu'il soit constant que votre adversaire a reçu une

hypothèque spéciale sur certains biens et une hypothèque générale sur tous les biens du débiteur commun, et que, par conséquent, il a un droit égal sur tout ce qui appartient à ce débiteur ; néanmoins, il ne faut pas appliquer le droit dans toute sa rigueur. En conséquence, s'il est certain que les biens qui lui ont été hypothéqués spécialement suffisent pour garantir le paiement de tout ce qui lui est dû, le président de la province s'opposera à ce qu'il vous enlève les autres biens sur lesquels vous avez reçu postérieurement hypothèque.

Le créancier qui a obtenu la *pignoris capio*, n'a pas le droit de passer avant les créanciers hypothécaires conventionnels antérieurs en date. (L. 10 *h. tit.*). L'hypothèque judiciaire est donc comme l'hypothèque générale soumise à la règle : *prior tempore, potior jure.*

Lorsqu'un créancier fait novation et a soin de stipuler que les hypothèques affectées à la première obligation garantiront également celle qui vient de la remplacer, on s'est demandé quel rang il devra avoir. Sera-t-il classé d'après la date de la première convention, ou bien pourra-t-on lui dire : la novation a éteint la première obligation, elle a donc fait disparaître également les hypothèques qui en étaient l'accessoire? Vous avez, il est vrai, stipulé les mêmes hypothèques en faveur de la nouvelle créance que vous venez d'acquérir contre le débiteur ; mais ces hypothèques n'ont pris naissance que le jour où la nouvelle convention a été conclue. C'est donc à cette dernière date qu'elles doivent être classées. Les lois 3, *princip.* et 12, § 5 (*h. tit.*), nous apprennent que le créancier qui a fait novation, doit conserver le rang que lui donnait la première convention. On doit le considérer comme s'étant succédé à lui-même. On le traitera de même que le tiers qui aurait fourni au débiteur l'argent nécessaire pour éteindre la première obligation. Nous verrons plus bas que celui qui désintéresse un créancier prend la place de ce créancier. Le jurisconsulte a pensé et avec raison, que le créancier qui éteint lui-même sa propre créance, en y substituant une nouvelle obligation, ne devrait pas avoir une condition inférieure à celle du tiers qui l'aurait désintéressé.

Les intérêts doivent tous être classés au même rang que le capital (*L.* 18 *h. tit.*). Ainsi si j'ai emprunté 100 f. à Titius à qui j'ai donné hypothèque, puis, que postérieurement j'aie hypothéqué le même fonds à Mævius, Titius aura la préférence sur Mævius, non-seulement pour le capital et pour les intérêts qui lui étaient dus avant que Mævius ne reçût hypothèque, mais encore pour ceux qui auront commencé à courir après que Mævius a eu contracté avec le débiteur commun. Cette décision est une conséquence de ce principe, que l'accessoire suit le principal.

Après avoir étudié les différentes applications de la règle générale : *prior tempore, potior jure,* nous devons examiner les différentes dérogations à cette règle que nous trouvons dans notre titre.

La première exception est faite en faveur du créancier qui a prêté l'argent ou donné les soins nécessaires pour la conservation du bien engagé ou hypothéqué. Il n'y a rien de plus juste que de faire passer ce créancier avant les autres créanciers hypothécaires, même antérieurs en date. Sans les soins qu'il a pris, sans l'argent qu'il a avancé, le gage aurait péri ; il faut donc avant tout l'indemniser. C'est en effet ce que décident les lois 5 et 6 (*h. tit*). Celui qui a prêté l'argent nécessaire pour armer le navire hypothéqué ou pour le réparer, ou pour payer la nourriture des matelots, doit venir le premier ; car, nous dit Ulpien, c'est son argent qui a conservé le gage tout entier. (*Hujus enim pecunia salvam fecit totius pignoris causam.*) Il en est de même de celui qui a prêté l'argent nécessaire pour sauver les marchandises hypothéquées ou pour en payer le fret, ou de celui à qui est dû le loyer des magasins, ou de l'emplacement, ou le prix du transport.

Nous mentionnerons, en second lieu, une exception fondée non pas sur la nature de la créance mais, sur la condition du créancier. Le pupille dont l'argent a été employé à l'acquisition d'une chose, mobilière ou immobilière, d'un fonds ou d'un esclave, a sur cette chose, indépendamment de toute convention, une hypothèque préférable même aux hypothèques plus anciennes (L. 7, *princip. h. tit.;* L. 3, *princip.* Dig., *de rebus eorum qui sub tutela...* (Liv. XXVII, tit. IX). L. 6 au C., *de servo pignori dato manumisso* (Liv. VII, tit. VIII.)

Nous devons rapporter ici la décision que nous trouvons dans la loi 15 (*h. tit.*) Celui qui a un droit de superficie peut l'hypothéquer; mais le créancier hypothécaire ne sera payé qu'après le propriétaire du sol, auquel le superficiaire devrait tout ou partie de sa redevance (*solarium*). Nous voyons, par conséquent, dans ce cas le premier créancier hypothécaire supplanté par un créancier qui n'a pas d'hypothèque. Mais cela tient à la nature du droit sur lequel porte l'hypothèque. Le propriétaire du sol a accordé au superficiaire le droit réel dont il jouit, sous la condition que ce superficiaire acquitterait régulièrement la redevance qu'il a promise. Si le superficiaire manque à son obligation, son droit s'éteint, ce qui amène également l'extinction de l'hypothèque. Il faut donc avant tout que le propriétaire du sol soit payé, pour que l'hypothèque puisse être exercée.

Lorsque deux créanciers ont reçu successivement hypothèque de deux personnes qu'ils croyaient propriétaires du bien hypothéqué, mais qui ne l'étaient ni l'une ni l'autre, on se demande lequel des deux créanciers sera préféré. Ce sera celui qui sera en possession de la chose hypothéquée (L. 14, *in fine h. tit.*) On ne tient donc pas compte de la date des hypothèques. Il en est de même lorsqu'une chose a été, non pas hypothéquée, mais vendue à deux acheteurs de bonne foi par deux vendeurs qui n'en étaient pas propriétaires (L. 9, 34, *in fine;* Dig., *de public. in rem act.;* liv. VI, tit. II).

On s'est demandé si le fisc devait pour les créances ordinaires et qui n'ont trait ni au recouvrement des impôts, ni aux poursuites intentées contre un employé infidèle, être soumis à la règle : *prior tempore, potior jure;* ou s'il jouissait d'un droit de préférence en vertu duquel il passerait même avant les créanciers antérieurs en date. La loi 8 (*h. tit.*) s'explique formellement sur cette question. Lorsqu'une cité, nous dit Ulpien, a reçu hypothèque sur une chose qui a été hypothéquée postérieurement au fisc, elle sera préférée au fisc ; car, dans ce cas, les particuliers eux-mêmes viennent avant le fisc. Voici également ce que nous lisons dans la loi 21, *princip.* (*h. tit.*) : Titius condamné à payer à Seïa une certaine somme, à raison de la tutelle dont il avait été chargé, lui hypothèque tous ses biens présents et à venir ; puis il emprunte de l'argent au fisc et lui hypothèque tous ses biens. Plus tard il paie à Seïa une partie de ce qu'il lui doit et pour le reste il fait novation avec elle et il transporte dans la nouvelle obligation les conventions relatives à l'hypothèque qu'il avait faites précédemment avec Seïa. On demande si Seïa doit venir avant le fisc, non seulement sur les choses que possédait Titius au moment de la première obligation, mais encore sur celles qu'il a acquises postérieurement? Scœvola répond qu'il ne voit pas pourquoi Seïa ne serait pas préférée au fisc. En présence de ces deux lois, aucune hésitation ne semble possible. Malheureusement, il existe un texte qui parait, au premier abord, être en contradiction avec la dernière loi dont nous venons de donner la traduction. C'est la loi 28, Dig., *de jure fisci* (liv. XLIX, tit. XIV) qui est ainsi conçue : « Si qui mihi obligaverat quæ habet, habiturusque esset, cum fisco contraxerit, « sciendum est in re postea adquisita fiscum potiorem esse de« bere, Papinium respondisse : quod et constitutum est ; præ« venit enim causam pignoris fiscus. » Voici, dit-on, quelle est l'espèce prévue par cette loi. Mon débiteur m'a hypothéqué tous ses biens présents et à venir ; puis il a ensuite contracté avec le fisc ; en présence de tout autre créancier il est incontestable que je devrais venir en premier ordre, tant sur les biens que mon débiteur avait quand il a donné la seconde hypothèque que sur ceux qu'il a acquis postérieurement ; mais ici je suis en concurrence avec le fisc et sur les biens qui ont été acquis depuis qu'il a reçu hypothèque, il passera avant moi, les constitutions l'ont ordonné ainsi; *prævenit enim causam pignoris fiscus.* Car le fisc a un gage d'une qualité préférable.

Suivant nous ce n'est pas là la véritable interprétation de la loi. Le jurisconsulte n'a pas posé l'espèce dans les termes qui viennent d'être exposés. Il a supposé que le fisc a reçu hypothèque non pas après, mais avant le simple citoyen qui se trouve en concours avec lui, de telle sorte que si le fisc vient avant l'autre créancier, c'est en vertu de la règle générale, parce que son hypothèque est antérieure et non pas parce qu'elle a une qualité supérieure.

Cette interprétation a sur la première un grand avantage; c'est qu'elle est conforme au principe général, tandis que l'autre crée une exception, ce que l'on doit éviter autant que possible. En outre, elle nous semble facile à justifier. Nous ferons d'abord remarquer qu'il serait singulier que le droit de préférence que l'on veut accorder au fisc ne s'appliquât qu'aux acquisitions faites par le débiteur, postérieurement à son hypothèque, et ne s'étendît pas aux biens acquis antérieurement. Il serait difficile, dans ce cas, de se rendre compte de cette différence. En second lieu, nous croyons que la traduction que nous avons donnée de la dernière phrase de notre texte, est la seule conforme au sens littéral de cette expression, *prævenit causam pignoris.* Enfin, il est une dernière considération qui, suivant nous, doit trancher tous les doutes. On a vu que le jurisconsulte avertissait que sa décision était conforme aux constitutions impériales; *quod et constitutum est;* eh bien, nous croyons que la constitution à laquelle il fait allusion se trouve au Code, L. 2, *de privilegio fisci*, liv. VII, tit. LXXIII. Elle est conçue dans les termes suivants : « Quamvis ex causa dotis vir quondam tuus tibi sit condemnatus, » tamen si priusquam res ejus tibi obligaretur, cum fisco contraxit, jus fisci causam tuam prævenit. Quod si post bonorum » ejus obligationem rationibus meis cœpit esse obligatus, in » ejus bona cessat privilegium fisci. » Le sens de cette constitution est incontestable. Il est évident qu'elle ne donne au fisc le droit d'être colloqué le premier que lorsqu'il est le premier en date. Par conséquent, si l'on voulait prétendre que la loi 28, *de jure fisci*, au Dig., assure au fisc un droit de préférence sur les créanciers antérieurs, on se trouverait en contradiction évidente avec la loi 2, *de privilegio fisci;* au contraire, n'est-il donc pas beaucoup plus simple et beaucoup plus raisonnable d'admettre que ces deux textes ont prévu le même cas et donné des décisions conformes?

Pour terminer ces considérations sur le rang des créanciers entre eux, nous donnerons l'interprétation d'une loi fort importante de notre titre, c'est la loi 16. Voici l'espèce posée par cette loi : trois créanciers ont reçu hypothèque dans l'ordre suivant : 1° Euthychiana ; 2° Turbo; 3° Tertius. Euthychiana a cherché à faire reconnaître son droit d'antériorité contre Tertius. Elle a succombé et n'a pas appelé. Un autre procès de même nature s'est élevé entre Turbo et Tertius. Turbo a perdu son procès, mais il a appelé et a réussi. Dans ces circonstances, il s'agit de régler le rang de chacun de ces créanciers. On demande si Tertius peut dire à Turbo : je l'emporte sur Euthychiana qui vous est préférable, donc je dois passer avant vous. Ce qui pourrait le faire croire, c'est que, dans le cas où Tertius aurait remboursé Euthychiana, il passerait, sans contredit, avant Turbo. Paul répond qu'on ne peut assimiler ces deux cas, et qu'il n'est pas possible d'appliquer à notre espèce la décision que l'on doit donner incontestablement, lorsque le troisième créancier a remboursé le premier. Tertius ne peut pas se prévaloir contre Turbo d'un jugement où celui-ci n'a pas été partie. Turbo pourra toujours lui répondre : je ne connais pas le jugement que vous m'opposez; il a été rendu contre Euthychiana seul; quant à moi, il ne me touche pas : *inter alios res judicata aliis prodesse, nec nocere solet.*

Mais voici ce qui arrivera lorsqu'on voudra distribuer le prix du bien hypothéqué entre les différents créanciers. Si l'on veut payer Euthychiana, Tertius se présentera et dira : je passe avant Euthychiana, en vertu du jugement rendu entre elle et moi, et qui est devenu définitif; payez-moi donc avant elle. Immédiatement viendra Turbo, qui dira à Tertius : je suis le second créancier, vous n'êtes que le troisième, vous avez, il est vrai, essayé de faire juger le contraire, mais vous avez échoué ; vous ne pouvez donc être payé de préférence à moi. Tertius devra céder sa place à Turbo. Euthychiana réclamera alors la priorité contre Turbo et l'évincera. Puis reparaîtra Tertius, qui reproduira ses prétentions contre Euthychiana et les fera nécessairement admettre, pour se trouver de nouveau en présence de Turbo, et ainsi de suite. Nous tournons dans un cercle dont il semble impossible de sortir.

Il y a deux moyens de sortir d'embarras.

D'abord, il est possible que le procès soulevé entre Euthychiana et Turbo se soit présenté dans les circonstances suivantes : Euthychiana a voulu établir contre Tertius son droit de priorité ; elle n'a pu justifier sa prétention et elle a succombé. Supposons alors que les choses se soient passées comme nous venons de l'expliquer précédemment. Euthychiana est évincée par Tertius en vertu du jugement rendu entre eux; puis Tertius se voit supplanté par Turbo qui doit lui-même céder le pas à Euthychiana. Tertius revient alors et veut oppпser à Euthychiana le jugement qui a rejeté la prétention de cette dernière. Euthychiana lui répondra : vous ne pouvez pas tirer argument de l'autorité de la chose jugée. Ce qui a été jugé entre nous, c'est que je ne pouvais pas établir mon droit de priorité, et en conséquence on vous a maintenu en possession de la chose hypothéquée. Mais aujourd'hui la question se présente différemment. C'est moi qui suis en possession du gage, et c'est à vous d'établir votre droit; or, le jugement précédent ne peut vous être d'aucun secours à cet égard; c'est un procès nouveau. Prouvez donc que vous m'êtes préférable, sinon je resterai en possession du gage. Si Tertius échoue dans cette preuve, Euthychiana a, à l'égard de tous, le premier rang, et toute difficulté disparait.

Supposons maintenant qu'il a été jugé définitivement entre Euthychiana et Tertius que celui-ci avait une hypothèque antérieure à celle d'Euthychiana; voici comment se fera le partage du prix du bien hypothéqué. Supposons que la chose ait été vendue 6,000 fr.; Euthychiana avait hypothèque pour 1,000 f., Turbo pour 3,000 fr., Tertius pour 2,000 fr. Le juge dira : A l'égard de Turbo, nous devons d'abord colloquer Euthychiana; donnons-lui donc les 1,000 fr. qui lui sont dus; mais comme elle est primée par Tertius, ces 1,000 fr. reviendront à Tertius qui les imputera sur ce qui lui est dû. Après avoir déduit cette somme, nous paierons Turbo, incontestablement préférable à Tertius; il prendra les 3,000 fr. qui lui sont dus, Tertius prendra les 1,000 fr. restant. S'il restait encore quelque chose, ce serait pour Euthychiana.

De ceux qui prennent la place des premiers créanciers.—Nous passons maintenant à l'examen de la seconde question, dont s'occupe le titre IV du livre XX, Dig., *de his qui in priorum creditorum locum habeantur.*

Nous avons fait comprendre précédemment quel intérêt il y avait pour un créancier hypothécaire à avoir le premier rang. On a pensé qu'il était juste de donner à des créanciers qui venaient dans un ordre inférieur, le moyen de s'assurer les avantages de la primauté en prenant la place du premier créancier. Pour arriver à ce but, deux sortes de voies leur sont ouvertes; les unes sont communes aux créanciers hypothécaires, aux créanciers chirographaires et même aux tiers. Les autres sont particulières aux créanciers hypothécaires et constituent ce que les commentateurs appellent le *jus offerendæ pecuniæ* (1).

Les expédients de la première catégorie ne peuvent être pratiqués qu'avec le consentement du débiteur ou celui des créancier dont on veut prendre la place. Ainsi, le créancier hypo-

---

(1) Schilling. — Lehrbuch für institutione und Geschichte des Ræmischen privatrechts. — Traduction de M. Pellat, § 19 (222).

thécaire postérieur peut, comme toute autre personne, se faire céder le droit du créancier hypothécaire antérieur. Les lois 19, tit. 6, *de hæred. vel act. vend.* Dig. (liv. XVIII, tit. IV) 2, *de fidejuss.*, Code (liv. VIII, tit. XLI), nous citent divers cas dans lesquels soit un tiers, soit un fidéjusseur, achète une créance et les hypothèques qui les garantissent. Rien ne peut nous faire croire que le créancier hypothécaire soit incapable de faire cette opération. Mais elle ne peut s'accomplir que du consentement du créancier antérieur.

La loi 17 (*h. tit.*) indique au créancier hypothécaire un autre moyen d'évincer le premier créancier hypothécaire; c'est d'acheter la chose hypothéquée et de désintéresser le premier créancier. Si plus tard des créanciers postérieurs veulent faire vendre la chose, le créancier acquéreur sera à leur égard dans la même position que le premier créancier dont il a pris la place. Mais dans ce cas, pour obtenir le premier rang, c'est le concours du débiteur qui lui sera nécessaire.

Il en sera de même s'il emploie le troisième expédient que lui fournit la loi 12, § 8 (*h. tit.*), et qui consiste à prêter au débiteur l'argent nécessaire pour rembourser le premier créancier hypothécaire en stipulant qu'il prendra la place de ce créancier. Le consentement du débiteur lui sera encore nécessaire s'il veut avoir recours au moyen que lui fournit la loi 12, § 9 (XX, IV) Dig. Ce moyen, c'est de permettre au débiteur de vendre le bien sur lequel il a seul hypothèque, pour que le prix serve à désintéresser un créancier qui lui est antérieur sur un autre bien.

Au contraire, le *jus offerendæ pecuniæ*, ce droit spécial aux créanciers hypothécaires, peut être exercé par eux indépendamment de la volonté du créancier et du débiteur. C'est ce que prouvent bien clairement les lois 11, § 4, et 12, § 6 *h. tit.* Si le second créancier, nous dit la première de ces lois, est prêt à payer au premier créancier ce qui lui est dû ; on demande s'il aura l'action hypothécaire dans le cas où le premier créancier

ne voudrait pas recevoir l'argent qu'on lui offre ? Le jurisconsulte répond que l'action est inutile au premier créancier, puisque c'est parce qu'il l'a bien voulu qu'il n'a pas été remboursé. Ainsi, le second créancier prend ici le premier rang, malgré la volonté du premier créancier. La loi 12, § 6, nous dit que l'opposition du débiteur n'aurait pas plus d'effet que celle du créancier : « On doit savoir que le second créancier a hypo-
» thèque sur la chose, même malgré le débiteur, pour sa propre
» créance, pour celle du premier créancier (qu'il a remboursé),
» pour les intérêts de sa créance et pour ceux qu'il a payés au
» premier créancier. »

Remarquons en passant la décision que donne la même loi sur un point particulier. On demande si le second créancier, qui a désintéressé le premier, aura droit aux intérêts des intérêts qu'il lui a payés ? Marcius répond qu'il n'y a pas droit, parce qu'il a fait plutôt son affaire que celle du débiteur.

Nous venons de voir les différents moyens que le créancier postérieur peut employer pour arriver au premier rang. Nous trouvons dans notre titre divers cas dans lesquels le créancier postérieur parvient au même résultat par suite de circonstances indépendantes de sa volonté.

Ainsi, nous voyons dans la loi 4 (*h. tit.*) que lorsque le débiteur a désintéressé le premier créancier, soit en le payant, soit en lui vendant une chose et en compensant le prix avec ce qu'il doit à ce créancier, le second créancier hypothécaire arrive nécessairement au premier rang. Mais la loi 9, § 3 *h. tit.*, nous apprend que si la seconde hypothèque a été consentie par le débiteur à une époque où il n'était pas propriétaire de la chose hypothéquée ; si, plus tard, le premier créancier est remboursé, le second créancier ne pourra prendre sa place que si, au moment du remboursement, la chose appartient au débiteur.

On doit remarquer les termes employés par le jurisconsulte ; il nous dit : *Tunc enim priore dimisso sequentis confirmatur pignus cum res in bonis debitoris inveniatur*. Il semble résulter de ce texte que l'hypothèque consentie par un débiteur sur un bien déjà grevé d'une hypothèque antérieure ne peut être confirmée, c'est-à-dire ne peut acquérir véritablement toute sa force que lorsque le premier créancier a été désintéressé. Et cependant nous voyons dans la loi 12 *princip.* (*h. tit.*) que le second créancier peut, avant le remboursement du premier, intenter l'action hypothécaire pour se faire mettre en possession de la chose.

Il est probable que, primitivement, on avait pensé que le même bien ne pouvait pas être hypothéqué en même temps à plusieurs personnes, et qu'en conséquence les jurisconsultes les plus anciens n'admettaient la validité de la seconde hypothèque qu'après l'extinction de la première. Plus tard, on a reconnu que les deux hypothèques pouvaient exister simultanément. C'est par suite d'une inadvertance que les rédacteurs du Digeste y ont inséré des textes empruntés aux anciens jurisconsultes et qui s'appliquaient à un état de choses qui avait cessé d'être en vigueur.

Dans la loi 12, § 1, Marcius suppose que le premier créancier hypothécaire a poursuivi le détenteur de la chose hypothéquée pour se faire remettre cette chose. Le détenteur a été condamné, mais il n'a pas exécuté le jugement, il a mieux aimé payer la *litis æstimatio.* Dans ce cas, le second créancier pourra agir contre ce détenteur, de même que si le premier créancier avait été directement payé par le débiteur de ce qui lui était dû.

Enfin, nous voyons dans la même loi, § 4, que lorsqu'un créancier hypothécaire a consenti à ce que son débiteur accordât une nouvelle hypothèque à un second créancier, il a incontestablement renoncé par là à son droit de priorité au profit de ce créancier. Quant à la question de savoir s'il a en même temps renoncé à son hypothèque, c'est une question de fait.

DE DISTRACTIONE PIGNORUM ET HYPOTHECARUM.

(Liv. xx, tit. 5.)

Ce livre traite de la vente des choses données en gage ou hypothéquées. Voici comment on est arrivé à donner au mot *distrahere* une signification qui semble détournée du sens naturel de ce mot :

Primitivement, le créancier n'avait qu'un moyen de poursuivre l'exécution de l'obligation sur les biens de son débiteur : c'était de requérir la vente en masse des biens de ce débiteur. Il se faisait d'abord envoyer en possession par le préteur. Puis, quand il s'agissait de faire vendre les biens, le préteur nommait un *magister*, c'est-à-dire un sorte de syndic chargé de surveiller les opérations de la vente. La vente était annoncée publiquement, et on dressait un cahier des charges. Celui qui offrait de payer aux créanciers le dividende le plus considérable était déclaré adjudicataire.

Cette sorte de vente était appelée *venditio bonorum*. Elle entraînait pour le débiteur des conséquences fâcheuses. D'abord elle le dépouillait de tout ce qu'il possédait; ensuite elle entachait sa réputation et jetait sur son nom une tache d'infamie.

Pour éviter cette humiliation à certains débiteurs, l'empereur leur accordait la faveur de n'être saisis que sur chacun de leurs biens séparément. On procédait alors à la vente séparée de tel ou tel bien du débiteur qui était distrait de son patrimoine. C'est cette vente que l'on appela *distractio bonorum*. Ce qui n'était qu'une faveur spéciale accordée par le prince devint une règle générale, et chaque débiteur put convenir avec son créancier que celui-ci ferait vendre séparément un ou plusieurs biens désignés dans la convention. Le contrat de gage et le pacte d'hypothèque produisirent notamment cet effet ; de là vient que la vente des biens hypothéqués ou engagés requise par le créancier fut désignée sous le nom de *distractio pignorum vel hypothecarum* (1).

Nous avons déjà dit que le premier créancier était le seul qui pût requérir la vente des choses hypothéquées; nous allons voir maintenant comment se fait cette vente et quels effets elle produit. Nous examinerons ensuite les cas dans lesquels les créanciers postérieurs peuvent exercer le *jus offerendæ pecuniæ* contre l'acquéreur de la chose hypothéquée.

Il n'est pas nécessaire que le créancier ait stipulé formellement qu'il aurait le droit de vendre la chose hypothéquée. Ce droit résulte implicitement de l'hypothèque qu'il a reçue (L. 12, § 10, *qui pot. in pign.*, Dig.). Il peut vendre la chose dès que la dette est échue et qu'il n'a pas été payé. Par conséquent, si l'échéance de la dette est retardée, l'époque où la chose hypothéquée peut être vendue est également différée (L. 4, *h. tit.*).

Voyons maintenant comment s'opère la vente. En général, le créancier vend lui-même la chose hypothéquée comme s'il en était propriétaire, et sans l'intervention de la justice. L'autorité du magistrat n'intervient que dans le cas de la vente de gages saisis sur le débiteur, également par ordre du magistrat (L. 1 et 2, au C., *si in causa judicati pignus captum sit.*, liv. VIII, tit. XXIII). Mais avant de procéder à la vente de la chose hypothéquée, il est nécessaire que le créancier avertisse le débiteur. A cet effet, l'ancien droit exigeait que le créancier adressât au débiteur trois sommations. On lit dans les Sentences de Paul, liv. II, tit, V, § 1er : « Creditor, si simpliciter sibi pignus depositum distrahere velit, ter ante denuntiare debitori suo debet « ut pignus luat, ne a se distrahatur. » On doit remarquer qu'il en était de même soit que le créancier eût reçu simplement hypothèque, soit qu'on eût inséré dans la convention cette clause qu'il ne lui était pas permis de vendre la chose hypothéquée.

---

(1) M. Pellat, Cours de Pandectes, années 1850-51.

Justinien modifia cet état de choses, et traça des règles différentes pour les trois cas suivants :

1° Si les parties ont réglé dans leur convention les formes et les conditions de la vente, on doit se référer à cette convention et l'exécuter (L. 3, § 1, au C., *de jure dominii impetrando*, liv. VIII, tit. XXXIV). M. Schilling (1) pense qu'on doit conclure de cette disposition, que si le débiteur a accordé expressément au créancier la permission de vendre la chose hypothéquée, cette convention a pour effet de conférer au créancier le droit de vendre sans adresser préalablement aucune dénonciation au débiteur ; attendu que c'était vraisemblablement pour éviter au créancier la nécessité de toute dénonciation au débiteur, que les parties ont inséré cette clause dans la convention.

2° Le contrat ne contient aucune clause relative à la vente de l'hypothèque. Dans ce cas, le créancier pourra vendre la chose hypothéquée deux ans après la dénonciation qu'il aura adressée au débiteur, ou après le jugement qu'il aura obtenu contre lui (L. 3, § 1, C., *de jur. dom. impetr.*). Ainsi, une seule dénonciasuffit ; mais on exige un long intervalle entre l'avertissement adressé au débiteur et la vente de la chose hypothéquée.

3° Les parties sont convenues que le créancier ne pourrait pas vendre la chose hypothéquée. Dans ce cas, le créancier doit adresser au débiteur trois dénonciations, et ce n'est que deux ans après, probablement à compter de la dernière dénonciation, qu'il peut vendre la chose (L. 4, Dig., *de pignerat. act.*, liv. XIII, tit. VII. — L. 3, § 1 C., *de jur. dom. impetr.*).

Lorsque le créancier a hypothèque sur plusieurs choses, il est libre de vendre celle qu'il lui convient, sauf toutefois le tempérament apporté à la rigueur des principes par la loi 2 au C. *de pign. et hypoth.*, que nous avons déja citée plus haut.

Le créancier ne peut pas acheter lui-même ni par personne interposée la chose qui lui a été hypothéquée et qu'il met en vente.

---

(1) Traduction de M. Pellat, § 14 (217).

Il ne peut l'acheter que si elle lui est vendue par le débiteur (Paul., *Sentent.* II, XIII, 4). La loi 2, au C, *si in causa judicati pignus captum sit* (Liv. VIII, tit. XXIII), nous cite un cas exceptionnel où il peut se rendre acquéreur de la chose hypothéquée. Cette loi suppose que le créancier a une hypothèque judiciaire. Il vend la chose hypothéquée. On sait que cette vente ne peut se faire qu'avec l'autorisation des magistrats. On décide que s'il ne présente pas d'autre acheteur offrant des conditions raisonnables, le créancier pourra se porter lui-même acquéreur. Ce n'est là qu'une exception.

Le débiteur ne peut pas non plus acheter la chose hypothéquée. En effet, dit la loi 40, Dig., *de pignerat. act.* (liv. XIII, tit. VII), le débiteur ne peut pas acheter une chose qui lui appartient. Il n'a qu'un moyen de se la faire restituer, c'est de payer au créancier l'intégralité de la dette.

Voyons maintenant les effets que produit la vente consentie par le créancier hypothécaire.

Le créancier a vendu la chose sur laquelle il avait hypothèque afin de se payer de ce qui lui était dû; par conséquent, il devra prélever sur le prix le montant de toutes les créances hypothécaires qu'il peut avoir contre le débiteur. Ainsi, nous voyons dans la loi 5, *princip.* (*h. tit.*), que le second créancier qui a désintéressé le créancier antérieur en exerçant le *jus offerendæ pecuniæ* aura droit d'abord au remboursement de ce qu'il a payé au premier créancier puis au paiement de sa créance personnelle.

Si le prix dépasse le montant des créances du créancier vendeur, il doit remettre le surplus au créancier postérieur (L. 12, § 5, Dig., *qui pot. in pignore*) ou au débiteur (L. 7 et l. 24, § 2, Dig., *de pignerat. actione*).

Si, au contraire, le prix est insuffisant pour désintéresser le créancier hypothécaire, le débiteur devra lui payer ce qui lui reste dû. La loi 9, § 1 (*h. tit.*) nous fait remarquer que cela va de soi, et qu'il est inutile de le stipuler dans une clause spéciale.

Nous venons de voir que lorsque le créancier a vendu la chose hypothéquée et en a reçu le prix, le débiteur était évidemment libéré jusqu'à concurrence de ce prix. Mais que doit-on décider dans le cas où la chose a été vendue, mais où le créancier n'a pas pu se faire payer par l'acheteur. Paul répond (L. 9, *princip.*, Dig., *h. tit.*) que s'il n'y a pas eu de faute de la part du créancier, c'est-à-dire s'il a fait tout ce qui est nécessaire pour se faire payer, le débiteur ne sera pas libéré, car il ne peut l'être que lorsque le créancier a touché l'argent qui lui est dû. Toutefois, il ne faut pas prendre à la lettre ces mots: « Venditio non « liberat debitorem, nisi pecunia percepta. » En effet, nous voyons dans la loi 26, Dig., *de solut. et liberat.* (liv. XLVI, tit. III), que le débiteur est également libéré lorsque le créancier a fait remise du prix à l'acheteur ou lorsqu'il a fait novation avec lui. Enfin, remarquons que le texte se termine par ces mots : « Non liberatur debitor,.... in quolibet pignore vendito, quan- « diu res inempta fieri possit. » Ainsi, il est de principe que la vente de la chose hypothéquée ne libère le débiteur que lorsqu'elle est définitive.

On suppose dans la loi 12, § 1 (*h. tit.*), que le débiteur avait hypothéqué une chose qui ne lui appartenait pas. Le créancier l'a vendue et en a touché le prix; on demande si cet argent doit être imputé sur le montant de la dette. Le jurisconsulte Tryphoninus examine successivement le cas où le créancier vendeur n'est pas tenu de garantir l'acheteur en cas d'éviction, et le cas où il en est tenu :

1° Si le créancier n'est pas tenu de la garantie en cas d'éviction, il doit imputer le prix qu'il a reçu sur le montant de la dette. En effet, s'il n'y a pas eu entre les parties une convention valable d'hypothèque, puisque le débiteur ne pouvait pas hypothéquer une chose qui ne lui appartenait pas, il y a eu une convention telle quelle, en vertu de laquelle, ou tout au moins à l'occasion de laquelle, le créancier a touché l'argent qu'il a reçu. Il est donc beaucoup plus juste de faire servir cet argent à la décharge du débiteur qui l'a fait avoir au créancier, que l'on faire profiter le créancier. C'est ainsi que lorsque le créancier hypothécaire a agi contre un possesseur de mauvaise foi qui détenait la chose hypothéquée, et que le juge lui a accordé une indemnité trop considérable pour les fruits perçus par ce possesseur, le créancier doit imputer sur ce qui lui est dû tout ce qui lui a été accordé. Il ne peut pas retirer de profit de l'erreur du juge. Pareillement, si le juge a déclaré par erreur qu'un créancier avait hypothèque sur une chose qui n'appartenait pas au débiteur, lorsque le créancier est payé, il doit remettre la chose au débiteur et ne peut pas s'y refuser, sous prétexte que ce débiteur n'en est pas propriétaire. Ainsi, il est incontestable que dans les circonstances que nous avons supposées, le débiteur est libéré envers le créancier qui a touché le prix d'une chose qui lui avait été hypothéquée, bien que cette chose n'appartînt pas au débiteur. Mais le jurisconsulte a soin de faire remarquer que le débiteur sera exposé au recours qui pourra être exercé contre lui, soit par le propriétaire de la chose dans le cas où il n'aura pas revendiqué ce qui lui appartenait, soit par l'acheteur dans le cas où il aura été évincé; car il ne faut pas qu'il s'enrichisse aux dépens d'autrui.

2° Le créancier est exposé au recours de l'acheteur en cas d'éviction, et par conséquent il n'est pas certain qu'il gardera le prix qu'il a touché. Dans ce cas, le jurisconsulte pense que la libération du débiteur sera en suspens. Tant que le créancier n'aura pas été obligé d'indemniser l'acheteur, il ne pourra rien demander au débiteur, mais lorsque l'acheteur évincé agira contre lui en garantie, on sera certain que le débiteur n'était pas libéré et il pourra être poursuivi par le créancier.

La loi 7 *princip.* (*hoc tit.*), suppose que le créancier a vendu la chose engagée ou hypothéquée sous la condition qu'il lui serait permis de reprendre cette chose en remboursant à l'acheteur le prix qu'il avait payé. Or ce n'est pas le créancier, c'est le débiteur qui est prêt à rembourser l'acheteur. On demande s'il pourra le contraindre à restituer la chose vendue. La difficulté vient de ce que la convention a été faite par le créancier, qui n'a pu acquérir au débiteur d'action contre l'acheteur. Le jurisconsulte Julien dit que si la chose avait été donnée en gage au créancier, le débiteur pourra agir contre lui par l'action *pigneratitia directa* et lui dire : vous vous êtes engagé à me restituer le gage quand vous seriez payé, ou si vous aviez cessé d'en avoir la possession, les actions au moyen desquelles vous pouviez vous le faire restituer. Dans l'espèce, vous avez été payé par l'acheteur, mais il vous reste une action pour contraindre l'acheteur à vous remettre la chose vendue si vous lui remboursez son prix. Cédez-moi cette action. Le créancier ne pourra pas se soustraire à cette obligation ; il cédera au débiteur l'action *venditi* qu'il a contre l'acheteur et le débiteur exercera cette action comme *procurator in rem suam*.

Notre texte se termine par ces mots : *Sed quos Julianus scribit in pignore idem et circa hypothecam est.* Cette assimilation de l'hypothèque au gage est parfaitement raisonnable. Mais on se demande comment le débiteur pourra agir contre l'acheteur, dans le cas où le créancier refuserait de lui céder son action *venditi*. Le pacte d'hypothèque ne donne pas au débiteur une action semblable à l'action *pigneratitia* qui résulte du contrat de gage. Il semble donc que le débiteur sera à la discrétion du créancier et ne pourra agir contre l'acheteur que s'il plaît au créancier de lui céder son action. Cependant il n'en est rien et nous trouvons dans la loi 13, Dig., *de pignerat. act.* (XIII. 7.) l'indication de deux voies par lesquelles le débiteur pourra sortir d'embarras. Cette loi suppose que le créancier en vendant la chose engagée est convenu qu'il serait permis au débiteur de reprendre cette chose en remboursant le prix à l'acheteur. Il est vrai que dans la loi 13, *de pignerat. act.*, on suppose que le créancier a stipulé au nom du débiteur, tandis que dans la loi 7, *de distract. pign.*, on suppose qu'il a stipulé en son propre nom. Mais la première convention n'a pas pu plus que la seconde acquérir d'action au débiteur. Ainsi l'on peut appliquer dans les deux cas les mêmes règles sur les moyens que le débiteur pourra employer pour agir contre le créancier. Voici quels sont ces moyens d'après la loi 11, *de pign. act.* Le débiteur pourra revendiquer la chose ou agir par une action *in factum* contre l'acheteur. Il n'y a rien d'étonnant à voir le débiteur agir par une action *in factum*. Mais on peut demander comment il se fait qu'il pourra revendiquer la chose contre l'acheteur. La loi 7, *de distract. pign.* dit formellement : *Julianus scribit recte distractum esse pignus.* Et d'ailleurs on sait que le créancier a le droit de vendre la chose qui lui est hypothéquée. Pour se rendre compte de cette disposition il faut se reporter aux règles sur la translation de propriété des choses *mancipi*. On sait que pour avoir le droit de transférer la propriété d'une chose *mancipi* il faut avoir sur cette chose le *jus quiritium*. Or le créancier avait seulement *in bonis* la chose qui lui était hypothéquée. Par conséquent, tant que l'aliénation n'avait été consentie que par lui, elle n'était pas parfaite et le débiteur qui avait conservé le *jus quiritium* pouvait revendiquer la chose. Il est vrai que s'il agit en revendication, l'acheteur lui opposera une exception fondée sur ce que la chose lui a été vendue par le créancier hypothécaire, mais alors le débiteur lui répondra par une réplique tirée de la clause insérée dans ce même contrat.

Si le créancier en vendant la chose hypothéquée n'a pas stipulé qu'il pourrait la reprendre en remboursant le prix à l'acheteur, la vente est définitive et l'acheteur ne peut faire prononcer la rescision de la vente que s'il est dans l'un des cas où le préteur accorde la *restitutio in integrum* (L. 7, § 1, *h. tit.*).

Nous venons d'examiner les effets de la vente des choses hypothéquées relativement au débiteur ; nous allons voir les effets de cette vente à l'égard de l'acheteur, et nous aurons alors l'occasion de revenir sur le *jus offerendæ pecuniæ*, dont nous avons déjà traité plus haut.

Le créancier qui vend le gage, nous dit la loi 13 (*h. tit.*), doit céder son droit, et s'il a la possession du gage, il doit le livrer à l'acheteur. Cette loi nous dit, d'une manière générale, que le créancier doit céder son droit, parce qu'il est possible que le créancier ne puisse pas transférer la propriété à l'acheteur. C'est ce qui arrivera lorsque le créancier ne sera pas en possession, et en outre, lorsque la chose engagée ou hypothéquée sera une chose *mancipi*. Nous avons vu que le créancier hypothécaire ne pouvait pas transférer à l'acheteur le *jus quiritium*.

Le créancier hypothécaire qui, en vertu de son droit d'hypothèque, vend la chose hypothéquée, ne doit pas, en général, garantir l'acheteur en cas d'éviction (L. 1, au C., liv. VIII, tit. XLVI). Il n'est tenu de la garantie envers l'acheteur, que s'il l'a promis formellement, ou bien s'il s'est rendu coupable de fraude en vendant la chose, alors qu'il savait qu'elle n'appartenait pas à celui qui la lui avait hypothéquée (L. 2, *eod. tit.*). Mais nous voyons dans la loi 10 (*h. tit.*) que néanmoins on ne peut pas lui permettre d'évincer l'acheteur.

Lorsque le premier créancier a vendu la chose hypothéquée, cette chose est définitivement purgée de toutes les charges dont elle était grevée. Ainsi, le droit des créanciers postérieurs est éteint, et ils ne peuvent pas évincer l'acheteur, en lui offrant de lui rembourser son prix (L. 3, *princip.*, *h. tit.*).

Mais nous voyons dans les lois 2, 5, § 1 et 6, *h. tit.*, qu'il n'en est ainsi que dans le cas où il y a eu une vente véritable, et que si la chose hypothéquée est sortie des mains du premier créancier, par suite d'une opération que l'on qualifie improprement de vente, et qui n'est, à proprement parler, qu'une cession de l'hypothèque, le cessionnaire est exposé au *jus offerendæ pecuniæ* que peuvent exercer contre lui les créanciers postérieurs. Ainsi, lorsqu'un fidéjusseur, en payant pour le débiteur principal, s'est fait céder les actions que le créancier avait contre ce débiteur, il sera considéré comme ayant acheté ces actions et les hypothèques qui y étaient attachées. Néanmoins, les créanciers postérieurs pourront le contraindre à leur céder ses droits en lui remboursant ce qu'il a payé au créancier, capital et intérêts. Car, nous dit Papinien (L. 2, *h. tit.*), cette sorte de vente ne se fait que *necessitate juris* pour transférer au fidéjusseur l'hypothèque du créancier.

Pareillement, lorsque le second créancier a acheté du premier la chose hypothéquée, le débiteur ou un créancier postérieur peuvent le contraindre à leur céder la chose hypothéquée, en lui payant sa propre créance, et en l'indemnisant de ce qu'il a payé au premier créancier. Cette décision n'a rien d'injuste, car le second créancier a acheté la chose hypothéquée bien moins pour en acquérir la propriété, que pour assurer la conservation de son droit de préférence (L. 6, *h. tit.*).

Mais supposons que la chose hypothéquée ait été vendue, non par le créancier, mais par le débiteur, sans l'intervention du créancier. La vente est valable ; mais elle ne peut porter atteinte aux droits des créanciers hypothécaires. Si le débiteur a employé le prix à désintéresser le premier créancier, et que l'acheteur ait stipulé qu'il prendrait la place de ce créancier, le second créancier pourra offrir à l'acheteur de lui rembourser la somme qui a été payée au premier créancier et les intérêts de cette somme, et il se fera mettre ainsi en possession de la chose hypothéquée. La vente consentie par le débiteur ne peut pas plus porter atteinte aux droits des créanciers hypothécaires que ne ferait une nouvelle hypothèque (L. 3, § 1er, *h. tit.*).

Le créancier peut-il stipuler que le débiteur ne pourrait pas vendre la chose hypothéquée? Cette convention n'est-elle pas contraire au droit, puisqu'elle limite la faculté qu'a chaque propriétaire d'aliéner la chose qui lui appartient ? Marcien répond (L. 7, § 2, *h. tit.*) que la convention n'est pas nulle et qu'elle doit être exécutée.

Quelques interprètes ont été étonnés de cette décision, et ils ont pensé qu'il y avait eu une transposition dans le texte primitif, et qu'on devait lire, non pas : *quæritur si pactum sit a creditore, ne liceat debitori,* mais : *quæritur si pactum sit a debitore ne liceat creditori.* Nous pensons que le texte, tel qu'il est, peut être expliqué. En effet, si l'on décide, en général, que la convention par laquelle un propriétaire s'interdit la faculté de vendre est nulle, cela tient à ce que celui envers lequel le propriétaire a contracté cette obligation n'avait pas d'intérêt légitime à la faire exécuter. Mais, dans notre espèce, le créancier a intérêt à ce que la chose ne sorte pas des mains de son débiteur. D'abord, il peut craindre que le procès qu'il aurait à soutenir contre des tiers-détenteurs fût plus difficile à soutenir que celui qu'il aurait avec son débiteur. En outre, il peut penser que son débiteur conservera mieux la chose que toute autre personne. D'ailleurs, qu'y a-t-il d'extraordinaire à voir le créancier interdire à son débiteur la faculté d'aliéner le gage ? La loi elle-même a restreint cette faculté dans certains cas. Ainsi, le débiteur ne peut pas vendre une chose mobilière hypothéquée sans commettre un vol (L. 19, § 6, *de furtis*, Dig., liv. XLVII, tit. II). (L. 66, *princip.*, *eod. tit.*). Le débiteur ne peut affranchir l'esclave hypothéqué (L. 3, *de manumiss.*, Dig., liv. XL, tit. I. — L. 4, *qui et a quibus manumiss.*, Dig., liv. XL, tit. IX).

Lorsque le second créancier a vendu la chose hypothéquée avant d'avoir désintéressé le premier créancier, celui-ci n'a contre lui aucune action personnelle. Mais il peut exercer son action hypothécaire contre les détenteurs de la chose hypothéquée (L. 1, *h. tit.*).

DROIT FRANÇAIS.

DROIT COUTUMIER.

Ce n'est pas dans le droit commun de l'ancienne France, que nous devons chercher l'origine de la transcription. La plupart des coutumes avaient adopté pour base du régime hypothécaire la clandestinité. Une institution qui avait pour but de rendre publics d'une manière générale tous les actes translatifs de la propriété des biens susceptibles d'hypothèques leur était donc complètement étrangère. Les ordonnances de 1539 et de 1731 avaient, il est vrai, ordonné l'insinuation des donations entre-vifs. Mais ce n'étaient que des dispositions exceptionnelles, particulières à une seule espèce de contrat et indépendantes du système général qui régissait la translation de la propriété immobilière. Aucune précaution n'avait été prise pour assurer sérieusement la publicité des actes qui modifieraient l'état de cette propriété. Un édit du mois de juin 1581 avait établi des registres de contrôle où devaient être enregistrés les contrats, testaments, décrets et autres expéditions entre-vifs et de dernière volonté. Cette institution avait été créée dans un but fiscal et l'on comprend qu'il était impossible aux personnes intéressées de retrouver dans la multitude infinie d'actes que renfermaient les registres de l'enregistrement ceux qui étaient relatifs à un immeuble déterminé.

Sous le règne de Louis XIV, une tentative avait été faite pour changer le régime hypothécaire en vigueur. Au mois de mars 1673 avait paru un édit préparé par les soins de Colbert qui établissait dans les principaux baillages et sénéchaussées un greffe, nommé greffe des enregistrements, destiné à recevoir les oppositions des créanciers hypothécaires ou privilégiés. Le rang de ces créanciers devait être réglé d'après la date de leur opposition. Ainsi l'hypothèque allait être rendue publique. Un grand changement allait être apporté à notre législation; peut-être devait-il être suivi d'une nouvelle amélioration empruntée aux mêmes sources où Colbert avait puisé l'idée qu'il voulait réaliser. Il est permis de croire que la publicité des actes translatifs de la propriété immobilière aurait suivi de près la publicité des hypothèques et des privilèges. Mais l'édit de 1673 rencontra de puissants adversaires. Au mois d'avril 1674 parut un nouvel édit qui, tout en reconnaissant que la nouvelle législation pouvait apporter *de très considérables avantages,* déclara qu'elle ne pouvait être mise à exécution à cause des difficultés qu'elle soulevait.

L'édit du mois de juin 1771, destiné principalement à faciliter la purge des biens grevés de privilèges et d'hypothèques, imposait (art. 15) aux créanciers qui voudraient conserver le droit de suite sur les biens qui leur étaient hypothéqués l'obligation de former opposition entre les mains des conservateurs. Mais ce n'était pas la date de cette opposition qui déterminait leur rang. Ils étaient classés d'après la date de la naissance de l'hypothèque. Ainsi, nous ne trouvons pas dans cet édit les principes sur lesquels reposent la législation hypothécaire de l'an VII et celle qui nous régit aujourd'hui.

Ces principes étaient consacrés par les coutumes particulières à certaines provinces du nord de la France que l'on désigne ordinairement sous le nom de pays de nantissement. Ce sont les institutions propres à ces pays qui ont servi de modèle à l'édit de 1673 (1) ; à la loi de messidor an III; à la loi du 11 brumaire an VII; et enfin au Code Napoléon. Elles méritent donc à plus d'un titre d'être étudiées par nous. Elles ont assuré pendant de longues années et sous différentes dominations la prospérité des provinces qu'elles régissaient. Elles présentent de si grands avantages que, à deux reprises différentes, sous le règne de Louis XIV, comme sous la République, nous voyons le législateur chercher à les imiter. Enfin, la connaissance des origines de notre droit ne satisfait pas seulement notre curiosité; elle est d'une utilité incontestable pour l'explication des difficultés que peut présenter notre législation.

Après avoir énuméré les différentes provinces qui sont désignées sous le nom de pays de nantissement, nous allons exposer les institutions qui jouaient dans ces pays un rôle analogue à celui que les législations modernes ont attribué à la transcription.

Voici quelles étaient les principales coutumes qui avaient consacré la nécessité du nantissement : les coutumes des Pays-Bas, puis celles d'Artois, de Vermandois, de la Châtellenie de Lille, du Cambrésis, d'Amiens, du Boulonnais, de Ponthieu, de Péronne, de Reims, de Chaulny, etc........ La coutume du Hainaut était celle où les principes en cette matière étaient appliqués avec le plus de rigueur. Voici en quels termes elle s'exprimait, chap. 94, art. 1er : « Personne ne pourra vendre, changer, donner charge, bailler à rente ni en autre manière aliéner ses fiefs que par des héritances par devant les seigneurs ou baillis et hommes de fief dont ils seront tenus. »

Les termes de cet article nous montrent avec assez de préci-

---

(1) Préambule de l'édit de 1673..... Nous n'avons point trouvé de meilleur moyen que de rendre publiques toutes les hypothèques, et de perfectionner, par une disposition universelle, ce que quelques coutumes de notre royaume avaient essayé de faire par la voie des saisines et des nantissements.

sion, quelle est l'origine et la nature du nantissement. On désigne par ce mot, l'acte solennel par lequel le seigneur confirme lui-même ou par ses officiers l'aliénation d'un fief relevant de sa seigneurie.

On s'accorde généralement à considérer les fiefs comme des concessions qui avaient été originairement personnelles. Le concessionnaire avait le droit de jouir lui-même du fief; mais il ne pouvait le transférer à une autre personne. Tout ce qu'il pouvait faire, c'était de présenter à l'investiture du seigneur, la personne à laquelle il voulait transmettre le fief. Cette présentation et l'investiture du seigneur étaient accompagnées de formalités qui s'accomplissaient solennellement, et c'étaient ces formalités qui constituaient le nantissement. Ce que nous disons des fiefs était également applicable aux censives, qui n'étaient que des concessions d'un ordre inférieur. On voit que le nantissement se liait intimement au système féodal. Aussi avait-il été usité primitivement dans toutes les anciennes coutumes. Mais dans la plupart des provinces il tomba en désuétude, et il ne fut conservé que dans les Pays-Bas et quelques autres contrées du Nord de la France.

Dans ces coutumes il fut étendu à toutes les transmissions de biens, fiefs, censives ou autres. On considéra plutôt l'effet qu'il produisait que les principes sur lequel il reposait originairement et Merlin le définit ainsi : l'acte judiciaire par lequel on prend civilement possession d'un héritage pour en jouir à titre de propriété, d'usufruit, d'hypothèque, etc...

Les formalités nécessaires pour nantir l'acquéreur d'un droit réel peuvent être divisées en deux classes. Les unes consistent dans une solennité qui s'accomplit en présence du seigneur ou de son représentant, et qui est consignée dans un registre public; ce sont les devoirs de la loi, l'ensaisinement.... Les autres constituent une véritable procédure, qui se termine par une décision rendue publiquement par un tribunal; ce sont les mises de fait, les mains assises et les mains mises. Nous allons faire connaître les règles relatives aux devoirs de la loi et aux mises de fait. Les autres modes de transmission ont une grande analogie avec ceux que nous allons examiner.

Devoirs de la loi. — Nous venons de voir quelle était l'idée qui avait inspiré cette institution ; c'était la nécessité de faire intervenir les seigneurs dans l'aliénation des immeubles qui relevaient de leurs seigneuries. Cette intervention était accompagnée de certaines cérémonies traditionnelles qui variaient selon les coutumes. Dans les coutumes de Vermandois, de Reims et dans la plupart des coutumes des Pays-Bas, l'acheteur et le vendeur comparaissaient devant l'officier chargé de rendre la justice au nom du seigneur ; le vendeur déposait entre les mains de cet officier un bâton représentant l'héritage aliéné, et c'était par la remise de ce bâton à l'acheteur, que celui-ci devenait propriétaire de l'immeuble.

Dans d'autres coutumes, il suffisait que les parties reconnussent le contrat de vente devant le juge seigneurial, assisté d'un nombre plus ou moins considérable de témoins, dont le rang était déterminé par la coutume. Ainsi, dans la coutume de Douai, la reconnaissance devait avoir lieu en présence de deux échevins (1). La coutume de Péronne exigeait la présence du bailli ou lieutenant du lieu, dont les héritages étaient mouvants, du greffier et de deux témoins. Dans certaines coutumes, les formalités différaient, suivant qu'il s'agissait de l'aliénation d'un fief ou d'une roture. Pour les fiefs, les parties devaient s'adresser à la cour féodale, composée du bailli et des hommes de fief, et pour les rotures, à la cour échevinale, composée d'un prévôt ou mayeur et des censitaires du seigneur.

Plusieurs coutumes, notamment les chartes générales du Hainaut, les coutumes de la Chatellenie de Lille (*tit.* 1. *ar.* 33),

---

(1) Dans les coutumes du nord de la France, ce mot *échevins* désigne non seulement les officiers municipaux des communes, mais encore les juges seigneuriaux d'un ordre inférieur.

celle de Reims (art. 136 et 165), celle d'Amiens (art. 137), disent formellement que les devoirs de loi peuvent être passés en présence du seigneur lui-même.

On l'admet également dans les coutumes qui ne s'expliquent pas à cet égard, car ces actes se rattachent à la juridiction volontaire que le seigneur peut exercer en personne.

L'accomplissement des formalités prescrites par la coutume est constaté par un acte qui est enregistré au greffe des juges qui ont conféré le nantissement à l'acquéreur. Cet acte doit, à peine de nullité, contenir une désignation exacte de l'immeuble aliéné ou hypothéqué. Un arrêt de règlement du parlement de Paris du 29 novembre 1599, rendu pour la coutume de Vermandois, enjoint au greffier de tenir un registre pour y inscrire les nantissements par ordre, et leur défend de laisser les actes en feuilles, à peine de dommages-intérêts envers les parties intéressées.

On voit combien était complète la publicité donnée aux actes qui conféraient des droits réels sur les immeubles. Ils devaient être confirmés par une investiture solennelle conférée par un juge en présence de témoins, et de plus ils étaient inscrits sur des registres conservés au greffe. Nous trouvons dans Merlin (1) un arrêt du parlement de Metz, en date du 29 octobre 1674, qui nous montre que la jurisprudence avait compris l'utilité et l'importance de ces sages dispositions. Voici dans quelles circonstances fut rendu cet arret : Les notaires de la ville d'Avesnes, créés par Louis XIV en 1661, avaient prétendu que l'insertion des actes de déshéritance et d'adhéritance dans les contrats devait être considérée comme suffisante ; mais on leur opposa le texte formel des coutumes, et l'on fit remarquer que l'admission de leur prétention ferait disparaître cette publicité si nécessaire dans l'intérêt des transactions. Ces motifs déterminèrent le parlement de Metz à rejeter leur demande.

(1) Répert. de jurisprud., v° Devoirs de la loi.

On ne pouvait obtenir de nantissement qu'en vertu d'un acte authentique. Les coutumes de Reims et de Vermandois s'expliquaient formellement à cet égard. Nous retrouvons la même disposition dans un édit du mois d'avril 1675, portant création de notaires et de tabellions dans le ressort du parlement de Flandre ; et dans deux arrêts de règlement du même parlement des 4 octobre 1674 et 27 août 1676.

Mise de fait. — La mise de fait était particulière aux coutumes de Picardie, d'Artois et de Flandre. Nous avons déjà indiqué quel en était le caractère. C'est une procédure au moyen de laquelle l'acquéreur d'un droit réel immobilier s'en fait investir par un tribunal. On doit penser que, primitivement, les juges seigneuriaux étaient seuls compétents pour exploiter les mises de fait comme pour accomplir les œuvres de la loi. Mais en présence de l'extension considérable que prirent les tribunaux établis par la royauté, ils ne purent conserver cette juridiction particulière.

Celui qui voulait exploiter une mise de fait devait d'abord se munir d'une commission délivrée par un juge compétent. Or, quel était le juge compétent ? A Lille, c'étaient les échevins ; dans la châtellenie de Lille, dans les coutumes de Douai et du Boulonnais, c'était le juge royal. L'art. 144 de la coutume du baillage d'Amiens porte que la commission peut être obtenue du bailli d'Amiens ou d'autre juge compétent. En Artois, c'étaient les juges immédiats de la situation des biens qui devaient décerner les commissions de mise de fait. Mais ce droit appartenait aussi au conseil d'Artois ; car on lit dans l'art. 9 des lettres-patentes sur arrêt du 13 décembre 1728, portant règlement entre le conseil d'Artois et les baillages royaux de la province : « Les mises de fait peuvent se faire par les officiers du conseil d'Artois, quand ils en sont requis par les parties, sans toutefois que ce fait attribue au conseil d'Artois la connaissance des contestations qui en peuvent naître. » Il y avait même plusieurs cas où le conseil d'Artois était seul compétent.

Le parlement de Flandre s'était approprié la règle établie par l'art. 9 des lettres-patentes que nous venons de citer, et il accordait des commissions de mise de fait pour des actes dont la connaissance immédiate appartenait aux juges inférieurs du ressort.

La commission de mise de fait était délivrée par la chancellerie du tribunal qui l'avait accordée. Elle devait être signée et scellée par le greffier. Celui qui avait obtenu une commission de mise de fait la faisait exploiter par un huissier ou sergent du siége qui l'avait accordée ; l'huissier se transportait sur l'héritage qui faisait l'objet de la mise de fait et en mettait en possession l'impétrant ou son fondé de pouvoirs spécial. Le placard (1) du 8 juillet 1531, portant règlement des procédures en Artois, ordonnait que l'huissier fût accompagné de deux témoins. Il dressait procès-verbal constatant la prise de possession ; il devait y être fait mention des témoins qui l'avaient accompagné. Celui qui exploitait la mise de fait devait, en outre, faire élection de domicile chez l'huissier. S'il s'agissait de prendre possession d'un fief, il suffisait que l'huissier et l'impétrant se transportassent au chef-lieu du principal manoir ; s'il s'agissait d'héritages roturiers, il était nécessaire que l'impétrant se fit mettre en possession de chaque immeuble séparément.

Il n'était pas nécessaire d'appeler les parties intéressées à la prise de possession effectuée par l'huissier ; on leur signifiait le procès-verbal avec assignation à comparaître devant le juge, pour voir décréter la mise de fait.

Nous devons faire connaître quelles étaient les parties intéressées. On distinguait les *parties directes* et les *parties seigneuriales*. Les parties directes étaient les propriétaires de l'immeuble qui faisait l'objet de la mise de fait. Les parties seigneuriales étaient

---

(1) On appelle placards les édits et déclarations des princes de la maison d'Autriche rendus pour les Pays-Bas. Ils ont continué d'être observés dans les provinces réunies sous le règne de Louis XIV.

les seigneurs immédiats dont relevait ce bien. Le seigneur devait être averti, non-seulement pour qu'il pût se faire payer les droits de mutation qui lui étaient dus, mais pour qu'il confirmât par son intervention l'aliénation consentie entre les parties. C'était au seigneur immédiat que la signification devait être faite. S'il était inconnu ou domicilié hors de la province, elle devait être adressée au seigneur suzerain. C'est ce qui a été décidé par plusieurs arrêts du parlement de Paris, portant que, dans ce cas, la signification faite au procureur du roi ou à son substitut pour tous les seigneurs absents ou inconnus, supplée la signification au seigneur immédiat, parce que le roi est souverain fieffeux de qui tous les héritages relèvent médiatement et immédiatement.

Lorsque la mise de fait était exploitée sur les biens du seigneur lui-même, la signification devait lui être adressée en la double qualité de partie directe et de seigneur.

La commission de mise de fait devait être non-seulement exploitée et signifiée, mais encore présentée au rôle du tribunal dans l'année du jour où elle avait été délivrée; car il était de principe que les commissions de justice devaient être exécutées dans l'année.

Si ce délai avait été observé, au jour fixé dans la signification, la mise de fait était décrétée par le tribunal, et l'impétrant était investi du droit réel qui lui avait été concédé. Quelques auteurs avaient pensé que la mise de fait devait être décrétée en même temps à l'égard des parties directes et des parties seigneuriales. Mais il paraît que cette opinion, qui était évidemment conforme à l'esprit des coutumes, n'avait pas été adoptée, parce qu'elle était trop rigoureuse.

Après avoir exposé les formes les plus ordinairement usitées pour conférer le nantissement, nous devons examiner les cas où il était nécessaire, et les effets qu'il produisait.

Le nantissement devait accompagner les actes, qui avaient pour but de transférer soit la propriété, soit un droit réel quelconque sur un immeuble. Ainsi, en règle générale, nul ne pouvait acquérir un droit d'usufruit, de servitude, d'emphytéose, d'hypothèque sur un immeuble sans avoir rempli les formalités que nous venons de faire connaître. Toutefois il y avait exception à l'égard des immeubles fictifs, tels que les offices et les rentes constituées, à moins que les rentes ne fussent hypothéquées sur un immeuble (coût. de Vermandois, art. 57). A l'égard des autres immeubles, il existait également plusieurs cas où le nantissement n'était pas nécessaire. Voici les principaux :

1° Les actes faits par un souverain, relativement aux terres qu'il possédait dans ses états, suffisaient pour transférer la propriété, parce que, disait un ancien auteur : la personne du prince valait solennité.

2° Les coutumes de la Flandre flamande n'exigeaient pas le nantissement à l'égard des donations faites par contrat de mariage, sauf le cas où il s'agissait d'un fief. La coutume de Reims étendait l'exception même aux donations de fiefs. Les coutumes de Belgique et de Picardie étaient muettes sur cette question. La jurisprudence l'avait tranchée diversement dans ces deux provinces. Le nantissement avait été jugé nécessaire en Artois ; tandis qu'en Picardie il n'était pas exigé.

3° L'héritier légitime n'avait pas besoin de se faire nantir des immeubles compris dans la succession.

4° Il en était de même du légataire dans la plupart des coutumes. Cependant, quelques coutumes, et notamment celles de Douai, d'Artois, de Gand, exigeaient que le légataire se fît ensaisiner dans les formes ordinaires.

En ce qui concerne l'hypothèque, l'édit du mois de juin 1771 était venu modifier la législation que nous venons d'exposer. L'article 35 de cet édit, abroge l'usage des saisines et nantissements pour acquérir hypothèque et préférence, dérogeant à cet effet à toutes coutumes et usages à ce contraire. Une déclaration donnée le 23 juin 1772, en interprétation de cet édit, porte que : à compter du jour de l'enregistrement de l'édit, et à l'avenir l'hypothèque s'acquerra dans lesdites coutumes tant par actes passés devant notaire que par jugements de la même manière, et ainsi qu'il se pratique dans les autres coutumes. Mais, cet édit et cette déclaration, n'ont pas été enregistrés au parlement de Flandre et n'étaient pas exécutés dans le ressort du conseil provincial d'Artois.

Nous venons de parcourir les divers cas où le nantissement est nécessaire. Il existait un contrat qui pouvait produire les effets qui en résultent ordinairement, en l'absence des formalités qui confèrent le nantissement ; mais auquel ces formalités venaient attribuer une nouvelle énergie. C'était le contrat de louage d'immeubles. Le preneur pouvait se faire mettre solennellement en possession de l'immeuble. C'était ordinairement à la voie de la mise de fait qu'il avait recours. Voici quels avantages il en retirait : 1° Il devait être préféré à tout autre fermier à qui le bailleur aurait loué l'immeuble même antérieurement. Toutefois, il ne pourrait avoir droit à cette préférence, s'il était de mauvaise foi, c'est- -dire s'il connaissait les baux passés antérieurement au sien. 2° Il s'assurait la jouissance de l'immeuble pendant toute la durée de son bail, lors même que cet immeuble aurait été aliéné par le bailleur.

Après avoir examiné les formes du nantissement et les cas dans lesquels il est nécessaire, nous devons faire connaître les effets qu'il produit.

Le nantissement transmettait à l'acquéreur les droits du vendeur, mais il ne pouvait rendre l'acquéreur propriétaire lorsque le vendeur ne l'était pas lui-même. Son effet principal était de déterminer le rang des acheteurs. Entre deux acquéreurs d'un même immeuble, celui qui devait être considéré comme propriétaire était celui qui avait été *vestu* le premier. Voici quels sont les termes de la coutume de Vermandois, art. 28 : « Il ne suffit « à l'acheteur de soi mettre et immiscer de son autorité privée « en l'héritage par lui acquis ; de sorte que si le vendeur vendait « de rechief ledit héritage à autre auparavant le vest baillé audit « premier acheteur, en ce cas ledit second acheteur serait fait « seigneur de la chose à lui vendue. »

Toutefois, cette règle souffrait deux exceptions. Il y avait deux cas, où le premier acheteur était préféré au second, lors même qu'il n'aurait pas été vestu le premier. C'étaient : 1° Le cas où le premier acheteur n'aurait pu se faire ensaisiner par suite du refus du seigneur ou de ses officiers. « Le refus ou délai que le seigneur « ou ses officiers pourraient faire à l'acheteur de le vestir pour « quelque cause que ce fût, dit l'art. 131 de la coutume de Ver- « mandois, ne lui peut préjudicier contre autre second acheteur « qui depuis se serait fait vestir par le seigneur ou ses offi- « ciers. »

2° Le cas où le second acheteur, qui s'était fait nantir le premier, savait, soit au moment où il avait contracté, soit au moment où il prenait saisine, que l'immeuble avait déjà été vendu. Dans ce cas, comme il y avait dol de sa part, on accordait au premier acquéreur une action révocatoire pour faire casser le nantissement qu'il avait obtenu.

Le nantissement ne dégageait pas l'immeuble des priviléges et hypothèques dont il était grevé. L'extinction de ces charges ne pouvait s'obtenir qu'au moyen de lettres de purge établies dans les Pays-Bas, par un édit perpétuel donné en 1611 par les archiducs Albert et Isabelle. Voici comment s'exprime l'art. 30 de cet édit : comme souventes fois advient qu'en la vente ou charge des biens immeubles, les vendeurs récèlent les charges antérieures, servitudes, prohibitions d'aliéner, ou charges ou autres obligations auxquelles iceux biens se trouvent par après tenus et affectés au grand préjudice des acheteurs, nous permettons à ceux ayant acquis tels biens immeubles et soi doutans de tel récèlement de, à leurs dépens, eux pourvoir à l'assurance de leur achat, de nos lettres de purge, consignant le prix sous la justice qui appartiendra et faisant appeler à cri public tous ceux qui pourraient prétendre quelque droit sur lesdits biens et ultérieurement y procédant à l'entérinement desdites lettres.....

L'usage des lettres de purge était tombé en désuétude dans

la province d'Artois, où on pratiquait le décret volontaire, qui y a même subsisté après la promulgation de l'édit de juin 1771; car, ainsi que nous l'avons déjà dit, cet édit n'était pas appliqué dans le ressort du conseil d'Artois.

Nous venons d'indiquer rapidement les principales dispositions des coutumes suivies dans les pays de nantissement. Nous allons mettre en regard de ces institutions celles qui étaient en vigueur dans la province de Bretagne et qui avaient pour effet non seulement de conférer à l'acquéreur les droits du vendeur, mais d'assurer à cet acquéreur une propriété certaine et libre de toute charge.

Ces institutions étaient désignées sous le nom d'*appropriance* ou *appropriement*. Il existait plusieurs sortes d'appropriance, mais la plus usitée était celle qui se faisait par trois bannies ou publications. Les règles fondamentales en sont posées par l'art. 269 de la coutume de Bretagne : « On se peut appro- « prier, dit cet article, de tout héritage ou autre chose réputée « immeuble, soit servitudes ou autres droits réels, par tous « contrats et titres reçus de droit et de coutume, habiles à « transférer seigneurie ; acquérant lesdits héritages ou droits « de celui qui est saisi et actuel possesseur, en son nom par « lui et ses auteurs par an et jour ; prenant ledit acquéreur « possession actuelle en vertu desdits contrats et titres et faisant « après ladite possession trois bannies tant dudit contrat que « de la prise de possession par trois dimanches consécutifs, « sans intervalle, incontinent après l'issue de la grand'messe, « en la congrégation du peuple à haute et intelligible voix, aux « lieux accoutumés, en la paroisse ou les paroisses où les choses « acquises sont situées ; par lesquelles bannies sera fait ex- « presse déclaration par quelle cour soit prochaine ou supé- « rieure, l'acquéreur entend s'approprier et faisant ledit acqué- « reur rapporter et certifier lesdites bannies en jugement des « prochains plaids devant le juge du lieu où sont lesdites « choses situées, etc. »

Ainsi, on ne peut s'approprier que sur les immeubles, et en vertu d'un contrat consenti par celui qui est saisi et actuel possesseur en son nom par lui et ses auteurs par an et jour. Cette dernière disposition est digne de remarque. Il n'est pas nécessaire que celui qui aliène l'immeuble en soit propriétaire, il suffit qu'il en soit possesseur en son nom et que sa possession ait duré un an et un jour.

Voici comment l'acquéreur parvient à se faire apppropricr : il doit d'abord faire insinuer son contrat. Cette formalité n'était pas exigée par la coutume. Elle a été introduite par un édit donné à Nantes au mois d'août 1626. Cet édit établissait dans chaque juridiction royale de la province de Bretagne un greffe des insinuations des contrats de ventes, échanges et autres aliénations d'héritages et choses censées immeubles, où tous acquéreurs devaient faire insinuer leurs contrats six mois avant de se pouvoir valablement approprier d'iceux. Les acquéreurs étaient tenus d'élire domicile dans la ville où ils faisaient insinuer leurs contrats. L'insinuation se faisait sur des registres que les greffiers devaient exhiber et dont ils devaient même délivrer copie à ceux qui les en requéraient.

Six mois après l'insinuation, l'acquéreur devait prendre possession de l'immeuble ; il fallait que cette prise de possession fût réelle, c'est-à-dire que l'acquéreur se transportât sur les lieux. D'Argentrée allait même jusqu'à dire qu'il fallait que l'on prît possession de toute la terre, en allant dans l'église pour jouir des prééminences, en montant au siége pour jouir de la juridiction, etc. Il était dressé acte de la prise de possession par un notaire.

On procède ensuite aux publications ou bannies. Les proclamations à haute voix, exigées par la coutume, avaient été remplacées par des affiches apposées par des sergents ou huissiers, qui annoncent qu'ils ont publié le contrat d'acquisition, l'insinuation et la prise de possession, et font connaître le tribunal devant lequel l'acquéreur entend s'approprier.

Huit jours après la dernière publication, l'acquéreur se présente devant le tribunal indiqué dans les affiches, et fait déclarer sous serment, par l'huissier qui en était chargé, que les bannies ont été faites dans la forme prescrite par la coutume. C'est ce que l'on nomme la certification des bannies. On examine alors s'il a été fait opposition par des créanciers ou par toute autre personne prétendant avoir un droit réel sur l'immeuble aliéné. Le juge donne acte de la certification des bannies, et déclare l'acquéreur approprié. L'appropriance est pure et simple s'il n'y a pas eu d'opposition. S'il y en a eu, l'acquéreur n'est approprié qu'à la charge des droits réels appartenant aux opposants.

L'effet produit par l'appropriement est bien remarquable. « L'appropriement, dit Merlin (1), assure à l'acquéreur qui en « a rempli toutes les formalités, la propriété libre et irrévocable « de l'héritage ou du droit réel dont il s'est approprié. Ainsi, « l'appropriement purge non-seulement les charges dont le bien « était tenu, mais même le droit qu'un tiers pourrait avoir de « le revendiquer à titre de propriété. » C'est là le caractère distinctif de l'appropriement. Par là il se sépare à la fois et du système des pays de nantissement, et du régime hypothécaire actuellement en vigueur. Mais, d'un autre côté, il présente la plus grande analogie avec le système suivi en Allemagne. Dans le système allemand, les acquéreurs d'immeubles sont tenus de faire inscrire sur des registres publics leurs actes d'acquisition. Or, cette inscription n'a lieu qu'après que les titres, qui vont être rendus publics, ont été examinés par un tribunal chargé d'en apprécier la valeur. Une fois que l'inscription a été prise, l'acquéreur devient irrévocablement propriétaire. On ne peut plus l'attaquer en prétendant que celui qui lui a transmis l'immeuble n'en était pas propriétaire; à moins qu'antérieurement à l'inscription, celui qui veut l'évincer n'ait fait constater sur le registre une protestation. On voit que ce système aboutit sous ce

---

(1) Répertoire de jurisprudence, v° appropriance.

rapport aux mêmes résultats que l'appropriance de la coutume de Bretagne.

DROIT INTERMÉDIAIRE.

Les institutions des pays de nantissement étaient sorties de la féodalité. Elles disparurent donc en 1789 avec l'ordre de choses auquel elles se rattachaient. L'assemblée constituante s'occupa de préparer une loi qui étendît à la France entière les bienfaits que les provinces du Nord avaient retirés de leurs anciennes coutumes. Plusieurs projets lui furent soumis; mais les nombreux intérêts sur lesquels elle devait veiller ne lui permirent pas d'accomplir sur ce point la réforme qu'elle désirait. Toutefois, il était nécessaire de déterminer provisoirement le mode de publicité qui serait substitué à celui qui existait dans les pays de nantissement. Une loi du 27 septembre 1790 ordonna que les formalités de dessaisine saisine, vest devest, mise de fait, etc., seraient remplacées par la transcription des grosses des contrats d'aliénation ou d'hypothèque sur des registres tenus par les greffiers des tribunaux de district.

L'assemblée législative fut saisie des projets sur la réforme hypothécaire, qui avaient été présentés à l'assemblée constituante. Un comité fut chargé de les examiner. Il déposa son rapport; mais aucune décision ne put être prise. Enfin, le 9 messidor an III, la Convention nationale établit le nouveau système hypothécaire. Ce décret n'a jamais été appliqué; néanmoins, il mérite d'être étudié, car c'est la première loi qui ait proclamé d'une manière générale le principe de la publicité des hypothèques qui a servi de base aux législations postérieures. Nous rapporterons ici les dispositions de la loi de messidor, qui se rattachent à la matière de cette thèse.

Voici quelles sont, d'après la loi de l'an III, les conditions nécessaires à la perfection de l'aliénation des biens susceptibles d'hypothèques : Toute expropriation volontaire ou forcée de biens territoriaux doit être précédée d'une déclaration foncière faite, soit par le propriétaire qui aliène volontairement son fonds, soit par le créancier qui poursuit l'expropriation (art. 99). Cette déclaration est faite entre les mains du conservateur des hypothèques.

La loi ne reconnait aucune expropriation de biens territoriaux faite verbalement ou par écrit privé ; elles doivent être reçues devant les officiers publics à peine de nullité (art. 100).

Enfin, les actes d'aliénation doivent être rendus publics. L'art. 105 impose à l'acquéreur qui veut devenir propriétaire incommutable l'obligation de notifier et déposer expédition de son contrat dans le mois de sa date au bureau de la conservation des hypothèques dans l'arrondissement duquel les biens sont situés. Si cette condition n'est pas remplie, les hypothèques du fait du vendeur, postérieures au contrat, sont bien et valablement acquises sur l'immeuble aliéné jusqu'au jour de la notification (art. 106).

Ainsi, tant que la notification au conservateur des hypothèques n'a pas eu lieu, le vendeur peut valablement concéder de nouvelles hypothèques sur l'immeuble qu'il a aliéné. S'il peut encore l'hypothéquer, c'est qu'il n'a pas cessé d'en être propriétaire, car l'art. 8 de la loi pose en principe que l'on ne peut hypothéquer que ses biens. Concluons donc de l'art. 106 que si le contrat d'aliénation n'avait pas été rendu public de la manière déterminée par la loi, il n'était opposable à aucun des tiers à qui le vendeur pouvait avoir concédé, postérieurement à la vente, un droit réel quelconque sur l'immeuble vendu. N'est-ce pas là, d'ailleurs, le sens naturel de ce que nous lisons dans l'art. 105 : « Nul ne peut devenir propriétaire *incommutable* que, etc... »

La notification est également nécessaire pour parvenir à la purge de l'immeuble (art. 105). Dans le mois qui suit cette no-

notification l'acquéreur est tenu de payer toutes les créances hypothécaires du fait de son auteur ou d'en déposer le montant, sinon les créanciers hypothécaires peuvent poursuivre contre lui la vente aux enchères de l'immeuble (art. 107).

La loi de messidor exigeait aussi que les actions en revendication de la propriété des immeubles fussent rendues publiques. L'article 92 portait que ces actions ne pouvaient être portées devant les juges et arbitres si elles n'avaient été préalablement notifiées au conservateur des hypothèques. Le même article défendait aux tribunaux de statuer sur ces actions, s'il ne leur était pas justifié des notifications exigées, à peine de nullité des jugements et de dommages-intérêts envers les parties intéressées. Si la prétention de celui qui revendiquait l'immeuble était admise en justice, les hypothèques concédées par le possesseur évincé, inscrites avant la notification de la demande, étaient déclarées valables, sauf le recours du véritable propriétaire contre celui qui les avait consenties.

Telles étaient les précautions que le législateur de l'an III avait crues nécessaires pour assurer la publicité des actes qui intéressaient la propriété immobilière. Malheureusement, à côté de ces dispositions si sages, on en trouvait d'autres qui se rattachaient à des théories chimériques sur la mobilisation du sol et qui rendaient la loi inapplicable.

L'art. 1er avait fixé au 1er ventôse an IV la mise en vigueur du nouveau régime hypothécaire. L'époque de l'exécution de la loi fut successivement retardée par des décrets des 26 frimaire an IV, 19 ventôse, 19 prairial et 24 thermidor de la même année. Enfin, un décret du 28 vendémiaire an V l'ajourna indéfiniment jusqu'à la publication de la loi qui statuerait définitivement sur les modifications dont celle du 9 messidor an III était susceptible.

Cette loi fut rendue le 11 brumaire an VII.

Le système organisé par la loi de brumaire an VII a été considéré par plusieurs auteurs comme le meilleur régime hypothéé qui ait été donné à la France. C'est dans cette loi que les eurs du Code Napoléon ont puisé les principes de leur législon sur les hypothèques. Enfin, cette loi avait donné à la tranption une importance qu'elle a perdue depuis, mais qui ne lera pas à lui être rendue.

'art. 26 imposait à l'acquéreur d'un bien susceptible d'hyhèque l'obligation de faire transcrire son contrat. Jusqu'à è transcription, les actes ne pouvaient être opposés aux tiers auraient contracté avec le vendeur et qui se seraient connés aux dispositions de la loi. Voici en quels termes le rapteur de la loi devant le conseil des Cinq-Cents, Crassous l'Hérault, appuyait les dispositions relatives à la consolidation expropriations volontaires d'immeubles :

« Cette partie de la loi, disait-il (1), se lie d'une manière directe avec la précédente (celle qui traitait du mode de servation des hypothèques). C'est par la manière dont l'une 'autre se trouvent coordonnées, que la nation française, déjà uissante par ses succès militaires, peut espérer de parvenir ètat de splendeur que la richesse de son territoire et l'indusde ses habitants lui promettent. . . . .

même que le contrat d'hypothèque intéresse les tiers qui tracteraient postérieurement avec la même personne, et que, cette raison, la connaissance doit en être assurée à tous, il orte aussi que celui qui traite avec un individu comme proétaire d'un immeuble, puisse trouver, dans des registres pus, des preuves de sa qualité. Toute autre circonstance ne senterait point une certitude suffisante. Un homme peut être possession d'un immeuble, avoir les titres entre ses mains, s avoir aucun droit à la propriété. S'il est de mauvaise foi, n ne l'empêche d'abuser de ces apparences trompeuses, soit r la vendre de nouveau, soit pour la présenter comme une eté. L'exemple d'une pareille fraude, l'inquiétude de sa seule

---

) Moniteurs des 9 et 10 germinal an VI.

possibilité atténuent la confiance et empêchent les ressources qui en découleraient. »

Le rapporteur, après avoir fait ressortir les avantages que présentait le système proposé sur les aliénations d'immeubles, réfutait les objections que l'on élevait contre la loi qui allait être discutée. Le reproche le plus grave que l'on adressait à cette loi, c'était d'être immorale. Comment, disait-on, un propriétaire qui aura aliéné son immeuble pourra valablement le vendre ou l'hypothéquer au préjudice du premier acheteur. Mais c'est là un résultat qui révolte la conscience et qu'un législateur ne saurait consacrer. Crassous de l'Hérault répondait que la loi, loin d'être immorale, était fondée sur un principe d'équité que l'on ne pouvait méconnaitre. Lorsqu'un propriétaire a aliéné deux fois successivement le même héritage, trois personnes ont concouru à ces transactions, le vendeur, le premier acheteur et le second acheteur. Que doit faire la loi si elle est juste? Elle doit d'abord punir le véritable coupable, c'est-à-dire le vendeur, et, entre les deux acheteurs, donner la préférence à celui à qui l'on ne saurait reprocher aucune négligence, et qui a été vigilant à protéger son droit. Or, tel est le but que nous atteindrons grace aux système organisé par la loi de brumaire. Le vendeur sera condamné à indemniser le premier acheteur ; il pourra même être poursuivi pour stellionat. Entre les deux acheteurs, nous préférerons le second, qui a fait transcrire son contrat, ainsi que l'exigeait la loi; le premier ne saurait se plaindre, à juste titre, car c'est par sa faute et par suite du retard qu'il a mis à requérir la transcription qu'il perd ses droits à la propriété de l'immeuble. Voilà quels sont les résultats d'un système que l'on accuse d'immoralité.

Nous avons cru qu'il n'était pas inutile d'exposer les arguments que le rapporteur de la loi du 13 brumaire an VII avait présentés pour appuyer et défendre les dispositions de l'art. 26 de cette loi. Nous verrons plus loin que les objections qu'il avait réfutés furent reproduites devant le conseil d'État, lors de la discussion de l'art. 2182 du Code Napoléon, et qu'elles exercèrent une grande influence sur la décision qui fut prise relativement à la rédaction définitive de cet article.

La transcription, dans la loi de brumaire, n'avait pas seulement pour effet de protéger l'acquéreur contre les aliénations qui pourraient être consenties postérieurement par le vendeur. Elle procurait à l'acquéreur un autre avantage, car elle était le premier acte de la purge. Elle servait même de point de départ au délai dans lequel l'acquéreur qui voulait purger devait commencer ses diligences. Ainsi, l'art. 30 porte que, dans le mois qui suit la transcription, l'acquéreur qui veut se dispenser de payer l'intégralité des charges qui grèvent l'immeuble, et se préserver des poursuites des créanciers hypothécaires, doit adresser à ces créanciers différentes notifications, au nombre desquelles figure un certificat de la transcription.

Enfin, la transcription profitait également au vendeur. Nous lisons dans l'art. 29 : « Lorsque le titre de mutation constate qu'il est dû au précédent propriétaire ou à ses ayants-cause, soit la totalité ou partie du prix, soit des prestations qui en tiennent lieu, la transcription conserve à ceux-ci le droit de préférence sur les biens aliénés. »

Telles sont les dispositions du Code hypothécaire de l'an VII qui se rattachent à la matière de cette thèse. Nous nous sommes contentés de les exposer sans y joindre de commentaires. Nous aurons plus d'une fois l'occasion de les comparer à la législation du Code Napoléon, et c'est alors que les explications auxquelles elles pourraient donner lieu trouveront naturellement leur place.

CODE NAPOLÉON.

Voici quels sont les effets que le Code Napoléon a attachés à la transcription des actes translatifs d'immeubles :

1° La transcription est nécessaire pour consolider, à l'égard des tiers, l'effet des donations entre-vifs portant sur des immeubles (art. 939 et 941) ;

2° Elle conserve le privilége du vendeur d'immeubles et celui du bailleur de fonds (art. 2108);

3° C'est à partir de la transcription de son titre que le tiers détenteur d'un fonds grevé d'une hypothèque ou d'un privilége commence à prescrire la libération de ce fonds, dans le cas où il peut prescrire par dix ou vingt ans (art. 2180);

4° La transcription est le premier acte de la purge des hypothèques inscrites.

L'art. 834 du Code de procédure civile a attribué à la transcription un cinquième avantage. Elle arrête, sinon immédiatement, du moins après un délai fort bref, le cours des inscriptions qui peuvent être prises sur un immeuble du chef des précédents propriétaires.

Ainsi que l'indique le titre de cette thèse nous n'examinerons que les quatre derniers effets de la transcription. Nous suivrons rigoureusement l'ordre du Code Napoléon.

DE L'EFFET DE LA TRANSCRIPTION, RELATIVEMENT A LA CONSERVATION DU PRIVILÉGE DU VENDEUR ET DE CELUI DU BAILLEUR DE FONDS.

Nous devons préalablement donner quelques notions sur la nature du privilége du vendeur et sur son étendue.

S'il était un créancier auquel la qualité de sa créance dût assurer un droit de préférence, c'était évidemment le vendeur.

Il a augmenté le patrimoine du débiteur commun, et il est juste qu'il soit payé avant tout autre sur le bien qu'il y a apporté. D'ailleurs, on peut dire qu'il ne s'est pas dessaisi complètement de la chose vendue et qu'il a retenu par devers lui sur cette chose un droit qui assurait le payement du prix (1). Cependant ce privilége n'existait pas en droit romain, et c'est dans notre ancien droit coutumier que nous en trouvons l'origine.

Le coéchangiste doit avoir privilége sur l'immeuble qu'il a donné en échange pour le paiement de la soulte qui peut lui être due. Il y a évidemment même raison de décider qu'à l'égard du vendeur. D'ailleurs nous voyons dans l'art. 1707, Code Napoléon, que les règles prescrites pour le contrat de vente s'appliquent à l'échange. Cet article nous autorise donc à étendre au coéchangiste les dispositions relatives au privilége du vendeur.

Mais c'est là la seule extension que l'on puisse donner à l'art. 2103. Ainsi, nous refuserons tout privilége au donateur qui agit contre le donataire dans le cas d'inexécution des conditions de la donation, à l'acheteur à réméré qui poursuit le remboursement du prix dans le cas où la clause de rachat reçoit son exécution. En effet, ni l'un ni l'autre ne demande le prix, c'est-à-dire la représentation d'un bien qu'il aurait placé dans le patrimoine de son débiteur. Le donateur réclame des dommages-intérêts. Quant à l'acheteur contre lequel s'exerce le réméré, il ne revend pas l'immeuble. Il résulte de l'art. 1673, Code Nap., que dans ce cas il y a résolution de la première vente; l'acheteur agit donc seulement pour se faire restituer ce qu'il aurait déboursé, et par conséquent sa créance ne peut être privilégiée.

Le vendeur, nous dit l'art. 2103, est privilégié pour le payement du prix. Il est important de savoir ce que l'on entend par ces mots « le prix de l'immeuble » et de fixer l'étendue de la créance privilégiée.

---

(1) M. Valette, Priviléges et hypothèques, n° 79.

Le prix est la somme d'argent que l'acheteur s'oblige à payer comme équivalent de la chose qu'il reçoit. Du reste, peu importe le mode de payement qui ait été stipulé dans le contrat. Le prix peut consister dans une somme que l'acheteur payera au vendeur en un ou plusieurs termes, ou dans une rente dont la durée est déterminée par les parties, ou dans une rente viagère. C'est là une circonstance indifférente. Le vendeur aura privilége sur l'immeuble, soit pour se faire solder du capital de la dette, soit pour garantir le payement régulier des arrérages.

Dans le cas ou le prix consisterait non-seulement dans une somme d'argent, mais encore dans des charges ou prestations imposées à l'acheteur; le vendeur aurait évidemment privilége pour l'acquittement de ces prestations, comme pour le payement de la somme qui lui est due (1). Car ce sont des avantages que l'acquéreur est tenu de procurer aux vendeurs, en retour de l'immeuble dont ils représentent la valeur.

Nous venons de voir que le capital du prix est privilégié, quelle que soit la manière dont il doive être payé. Nul doute que les intérêts du prix qui en sont l'accessoire ne doivent jouir également du privilége. Mais si nous supposons que le vendeur a pris les précautions nécessaires pour conserver son privilége, l'inscription ou la transcription conservera-t-elle tous les intérêts qui peuvent être dus, ou bien ne s'appliquera-t-elle qu'à une portion de ces intérêts?

Il est évident que le créancier privilégié doit être au moins dans une position aussi favorable que le créancier hypothécaire. Par conséquent, l'inscription devra au moins assurer le payement de deux années d'intérêt et de l'année courante, conformément aux dispositions de l'art. 2151 du Code Napoléon.

Mais devons-nous appliquer au créancier privilégié les dispositions de l'art. 2151, ou bien faut-il aller plus loin, et devons-nous admettre que tous les intérêts qui pouvaient être dus seront

(1) Zachariæ, § 263.

colloqués au même rang que le capital du prix ? C'est ici que paraît la difficulté et que les auteurs se divisent.

M. Troplong (1) soutient avec une grande insistance que les intérêts doivent tous être mis sur le même rang que le capital ; voici quels sont les arguments qu'il présente à l'appui de cette opinion :

Il faut d'abord remarquer que l'ancienne jurisprudence et les anciens auteurs qui comprenaient dans le prix les intérêts comme le capital, étaient presque unanimes à faire venir, dans le même ordre, ces deux créances, dont l'une n'était que l'accessoire de l'autre. Pourquoi veut-on que les auteurs du Code Napoléon aient changé l'acception du mot prix et qu'ils n'aient entendu désigner par cette expression que le capital ? Il est peu probable que le législateur moderne ait voulu introduire une pareille innovation dans le langage du droit, surtout lorsqu'on le voit dans l'art. 1652, décider que l'acheteur devra l'intérêt du prix, même en l'absence de toute stipulation expresse, dans le cas où la chose vendue et livrée produit des fruits. Est-ce que cette disposition ne nous montre pas que, dans l'esprit du Code qui nous régit, comme dans les législations précédentes, les intérêts font partie du prix comme le capital.

Quels sont les textes de loi qui peuvent faire penser que les auteurs des systèmes hypothécaires modernes aient abandonné les idées adoptées par l'ancienne jurisprudence sur le classement des intérêts dus au vendeur ? Ces textes sont : 1° L'art. 19 de la loi du 11 brumaire an VII ; 2° L'art. 2151 du Code Napoléon, qui ne fait que reproduire l'article de la loi de brumaire, en ajoutant l'année courante aux deux années d'intérêts qui étaient seules conservées par l'inscription sous l'empire de la loi précédente. Or, si l'on consulte ces deux textes, on voit qu'il n'y est question que du rang de l'hypothèque et qu'on n'y trouve rien qui concerne les privilèges. Il faut bien se garder d'étendre ces articles

(1) Privilèges et hypothèques, art. 2109, § 2109.

aux cas qui n'y sont pas formellement désignés. Car ils contiennent une exception à cette règle générale que l'accessoire suit le principal ; et il est de principe que les exceptions doivent être restreintes autant que possible. « On parle beaucoup, dans le « système contraire, dit M. Troplong, de la publicité et de l'in- « térêt des tiers à connaître les intérêts dus ; mais ce n'est là « qu'une illusion. En effet, la publicité du privilége n'a pas été « introduite en faveur des créanciers hypothécaires de l'acqué- « reur. » Car il est possible que le vendeur n'ait rendu son privilége public que longtemps après la vente et même après la revente de l'immeuble (art. 834 du Code de pr. civ.), et il n'en primera pas moins les créanciers qui ont pris inscription avant lui à une époque où les registres du conservateur ne pouvaient pas leur faire connaître l'existence du privilége. « Pourquoi donc « faut-il que le privilége soit rendu public ? C'est pour purger « la propriété et assurer le repos des tiers acquéreurs, mais « nullement pour éclairer les créanciers hypothécaires de celui « qui a acheté. »

Avec de pareils principes, quelle utilité y aurait-il à limiter le montant des intérêts que conserve l'inscription du privilége du vendeur ?

Enfin, M. Troplong fait remarquer que le vendeur qui n'est pas payé des intérêts pourrait demander la résolution de la vente ; comment n'aurait-il pas de privilége pour ces mêmes intérêts ?

Le système que nous venons d'exposer a été adopté par deux arrêts de la Cour de cassation des 2 avril 1814 et 1er mai 1819. Ce dernier arrêt a été rendu toutes chambres réunies, sous la présidence du garde-des-sceaux.

Malgré ces autorités, nous ne pensons pas que ce système repose sur une saine interprétation de la loi. Suivant nous, l'art. 2151, Cod. Nap., s'applique aux créances privilégiées comme aux créances hypothécaires ; nous allons essayer de le démontrer en réfutant la doctrine de M. Troplong.

Nous admettons volontiers que par ce mot, *le prix*, les rédacteurs du Code Napoléon aient entendu désigner le capital et les intérêts. Ainsi que nous l'avons fait remarquer en commençant, il ne peut guère être contesté que la créance des intérêts qui n'est que l'accessoire de la créance du capital doive être privilégiée comme cette dernière. C'est là une vérité évidente par elle-même et qui n'a pas besoin d'être confirmée par les exemples tirés des anciens auteurs, ni par l'art. 1652, Cod. Nap., qui ne nous semble pas avoir de rapport avec la question qui nous occupe. Mais de ce que les intérêts doivent jouir d'un privilége comme le capital, il n'en résulte pas que l'inscription qui conservera le capital conservera en même temps tous les intérêts.

On ne peut pas, dit M. Troplong, appliquer au vendeur créancier privilégié, la disposition de l'art. 2151, C. Nap., car cet article ne parle que du rang de l'hypothèque et non pas du rang du privilége. Le législateur, par son silence, nous a indiqué que relativement aux priviléges il ne dérogeait pas à ce principe général que l'accessoire suit le principal.

Nous répondrons d'abord que le texte n'est pas ausi formel que le prétend M. Troplong. Que voyons-nous en effet dans l'article 2151? Voici quels sont les termes de la loi : *Le créancier... a droit d'être colloqué..... au même rang d'hypothèque.....* Cette phrase signifie simplement que le créancier qui a pris inscription (soit en vertu d'un privilége, soit en vertu d'une hypothèque), aura droit d'être colloqué au même degré de préférence, dans le même ordre, pour deux années d'intérêts et pour l'année courante que pour son capital. Cette expression, *rang d'hypothèque*, est prise ici dans un sens général comprenant l'hypothèque proprement dite et le privilége. Elle était fréquemment prise dans cette acception dans l'ancienne jurisprudence, et il n'y a rien d'extraordinaire à ce que les jurisconsultes à qui l'on doit la rédaction du Code Napoléon, et qui avaient acquis leur expérience et leur profonde instruction dans la pratique des affaires, aient conservé cette expression à laquelle ils étaient habitués sans remarquer qu'elle cadrait mal avec la distinction établie par le Code entre le privilége et les véritables hypothèques.

D'ailleurs, si l'argument *à contrario* que M. Troplong veut tirer de l'art. 2151, C. Nap., est juste, il faut décider, d'une manière générale, que les intérêts de toutes les créances privilégiées, celles du copartageant et de l'architecte, aussi bien que celle du vendeur, devront tous être classés au même rang que le capital. Or, quel serait le motif de cette distinction entre les créanciers privilégiés et les créanciers hypothécaires? Voyons quel est le but que s'est proposé le législateur en rédigeant l'art. 2151. Il a voulu assurer la publicité entière des créances garanties par un droit de préférence. Il faut que les tiers qui voient sur les registres du conservateur qu'un immeuble est grevé d'une hypothèque, puissent connaître l'importance de cette affectation; or ils n'auraient à cet égard que des renseignements incomplets si l'inscription devait conserver tous les intérêts en même temps que le capital; car les tiers ne savent pas si les intérêts ont été ou non payés depuis l'inscription. Si par suite d'une erreur fort excusable, ils croient que les intérêts ont été payés entièrement, ils prêteront leur argent avec confiance, puis au moment de la collocation ils seront primés par les créanciers antérieurs dont ces créances auront été grossies par l'accumulation des intérêts, et ils se verront ainsi privés d'un gage sur lequel ils comptaient à juste titre, puisqu'ils devaient supposer que les intérêts étaient acquittés à chaque terme d'échéance. Si, au contraire, les tiers sont méfiants, ils s'imagineront que tous les intérêts sont encore dus, que l'immeuble ne donnerait aucune garantie; ils refuseront d'aventurer leur fortune, et c'est alors l'intérêt du propriétaire qui sera sacrifié. Pour éviter de si graves inconvénients, le législateur de l'an VII et celui de 1804 ont établi que l'inscription ne conserverait, outre le capital, que les intérêts échus pendant un délai que la loi de brumaire an VII avait fixé à deux années, et auquel le Code Napoléon a ajouté l'année courante. Si ces précautions sont nécessaires dans le cas où l'immeuble est grevé d'une hypothèque, pourquoi ne le sont-elles pas quand il est grevé d'un privilége? L'intérêt de la publicité est toujours le même. Il est évident qu'il est impossible de se rendre compte de la différence que la loi aurait établie relativement à la conservation des intérêts entre les hypothèques et les privilèges de l'architecte et des cohéritiers. Ainsi, à l'égard de ces deux privilèges on est forcé de reconnaître que l'art. 2151, avec l'interprétation que lui donne M. Troplong, contient une disposition que rien ne peut justifier.

Mais en ce qui concerne le privilége du vendeur, M. Trolong pense que l'intérêt de la publicité n'exige pas que l'on limite la quotité des intérêts qui seront conservés par l'inscription du privilége. La loi n'avertit pas en temps utile les tiers de l'existence du privilége, à quoi bon exiger que l'on donne aux tiers le moyen de connaître exactement la valeur conservée par ce privilége? Mais M. Troplong avoue lui-même que l'art. 2151 n'est que la réproduction de l'art. 19 de la loi du 11 brumaire an VII. Or, dans cette loi la publicité était complète et le privilége du vendeur était porté à la connaissance des tiers en temps utile. Cependant l'art. 29 de la loi de brumaire ne s'expliquait pas d'avantage que l'art. 2151, C. Nap., sur les intérêts du privilége du vendeur. Fallait-il donc admettre que les auteurs de cette loi avaient, sans raison plausible, établi une différence entre le privilége du vendeur et les hypothèques ? Ajoutons qu'au moment où l'on a rédigé l'art. 2151, C. Nap. on ne savait pas encore quel parti l'on adopterait relativement à l'utilité de la transcription. La question ne fut tranchée que lors de la rédaction définitive de l'art. 2182, C. Nap. Par conséquent il n'est pas possible de dire que l'art. 2151 était rédigé en vue d'un état de choses qui n'existait pas encore et qu'on ne pouvait pas prévoir, puisqu'il était en opposition avec la législation alors en vigueur.

Nous arrivons enfin au dernier argument présenté par M. Troplong. Le vendeur qui n'a pas été payé des intérêts du prix, nous dit-on, peut demander la résolution de la vente, peu importe l'époque à laquelle sont échus ces intérêts, et l'on ne recherche pas s'ils sont échus deux, trois ou quatre ans après l'inscription du privilége du vendeur. Si le vendeur a conservé un droit de résolution si dangereux pour les créanciers de l'acheteur, pourquoi lui refuse-t-on un privilége qui présente beaucoup moins d'inconvénient pour ses créanciers ?

Nous répondrons d'abord que le droit de résolution et le privilége n'ont pas été organisés par le Code Napoléon d'après un système uniforme. Le législateur n'a soumis la conservation du droit de résolution à aucune condition de publicité semblable à celle qu'il exigeait pour la conservation du privilége. Nous voyons dans l'art. 834, C. pr. civ., que le vendeur qui n'aurait pas pris inscription dans la quinzaine de la transcription de l'acte par lequel l'immeuble aurait été revendu, aurait perdu son privilége ; mais nous ne voyons pas que dans ce cas il aurait perdu également le droit de résolution. Ainsi, ces deux droits sont indépendants l'un de l'autre et il est inexact de conclure de la conservation de l'un à la conservation de l'autre.

Dailleurs il n'est pas juste de dire d'une manière générale que le droit de résolution est plus nuisible aux créanciers que le privilége. Le vendeur exercera toujours son privilége, tandis qu'il y aura bien des circonstances qui pourront l'empêcher de demander la résolution de la vente dans le cas où il ne serait pas payé des intérêts qui lui sont dus. En effet, il ne peut faire résoudre le contrat de vente qu'en restituant ce qu'il a déjà reçu. Or, il est possible qu'il soit hors d'état de faire cette restitution. En outre, si l'immeuble vendu a subi une dépréciation, il aimera mieux sacrifier quelques années d'intérêt que reprendre un bien dont la valeur a diminué, en renonçant à un marché avantageux. Enfin, il est possible que le vendeur ait perdu son droit de résolution dans le cas prévu par l'art. 692 du C. pr. civ. Cet art. nous dit que dans le cas où l'immeuble a été saisi le vendeur doit être sommé de former sa demande en résolution et de la notifier au greffe avant l'adjudication, et que faute par lui de se conformer à cette sommation, il aura perdu son droit de résolution.

On voit que c'est une erreur de croire que le créancier qui a conservé le droit de résolution doit avoir conservé à *fortiori* le privilége sur l'immeuble. Le droit de résolution et le privilége sont soumis chacun à des règles différentes. Ce sont deux avantages dont jouit le vendeur; mais l'un peut s'éteindre tandis que l'autre subsite encore. Il est donc inexact de dire que le vendeur doit avoir privilége sur l'immeuble, pour tous les intérêts du prix, en vertu de l'inscription qu'il a prise, parce qu'il aurait le droit de demander la résolution de la vente dans le cas où tous les intérêts ne lui auraient pas été payés.

En résumé, nous croyons avoir démontré que c'est à tort que l'on soutient que les intérêts du prix dus au vendeur, doivent être tous colloqués au même rang que le capital. Telle est du reste l'opinion de MM. Persil et Delvincourt.

Le vendeur qui a payé les frais d'enregistrement, les loyaux coûts du contrat et les frais de transcription, et qui veut se les faire rembourser par l'acheteur, est-il privilégié? M. Troplong et M. Grenier se prononcent pour l'affirmative ; ils considèrent cette dette comme un accessoire du prix principal. MM. Duranton, Persil et Zachariæ adoptent l'opinion contraire, qui nous semble de beaucoup préférable. Car le vendeur qui demande le remboursement des frais qu'il a payés pour le compte de l'acheteur, doit être assimilé à tout autre créancier qui cherche à rentrer dans les sommes qu'il a avancées. Cette créance ne peut pas être considérée comme faisant partie du prix. M. Grenier fait remarquer que l'on accorde au vendeur privilége pour le remboursement des dépens, dans le cas où il se serait élevé une contestation entre lui et l'acheteur, et où ce dernier aurait été condamné. Il pense qu'il y a même raison de décider pour les frais du contrat de vente. Nous croyons que c'est à tort qu'il veut assimiler les frais de la vente aux dépens d'un procès. Dans le cas où le vendeur a été contraint par la mauvaise foi de l'acheteur à entamer, malgré lui, une procédure coûteuse, il serait souverainement injuste de ne pas lui garantir le remboursement de ce qu'il a dépensé. Et voilà pourquoi on lui accorde un privilége pour le remboursement des frais qu'il a faits. Mais lorsqu'il a volontairement avancé les sommes nécessaires pour payer les loyaux coûts du contrat, il a simplement fait un prêt à l'acheteur, et s'il n'a pas pris de précaution pour en garantir le remboursement, nous ne voyons pas pourquoi la loi se chargerait de le protéger.

Mais ce que nous venons de dire ne s'applique qu'aux loyaux coûts du contrat et aux frais d'enregistrement : à l'égard des frais de transcription, nous pensons que le vendeur doit être privilégié. En effet, ces frais ont servi a conserver le privilége, et il est évident que le législateur qui accordait un privilége au vendeur, devait lui assurer les moyens d'en jouir. On décide généralement que les frais faits par le créancier hypothécaire pour inscrire son hypothèque, doivent être colloqués au même rang que la créance. Il y a ici parité de motifs. En l'absence de disposition contraire dans la loi, nous devons donc décider de même (1).

Le vendeur n'a pas de privilége pour le payement des dommages-intérêts auxquels serait condamné l'acheteur, en cas d'inexécution ou de retard dans l'exécution du contrat. Cette créance ne peut pas être considérée comme faisant partie du prix.

En résumé, nous ne regardons comme privilégiés que le capital du prix, les intérêts et les frais de transcription ; et relativement aux intérêts du prix, nous appliquerons la règle posée dans l'art. 2151, C. Nap. L'inscription prise pour le capital ne conservera que deux années d'intérêt et l'année courante.

Mais pour avoir droit au privilége il ne suffit pas que le vendeur prouve, de quelque manière que ce soit, qu'il lui est dû toute ou partie du prix. Il ne peut faire cette preuve que d'une

(1) MM. Aubry et Rau sur Zachariæ, § 263, note 4.

seule manière, en représentant l'acte de vente constatant qu'il n'a pas été complètement payé au moment du contrat.

Ainsi, si l'acte de vente contient une quittance donnée par le vendeur à l'acheteur pour la totalité du prix ; mais que le vendeur produise une contre-lettre, d'où il résulte qu'il n'a rien reçu, le vendeur n'a pas de privilége. Il en serait de même, si au lieu d'une contre-lettre, le vendeur était porteur de billets signés par l'acheteur, dans le cas où l'acte de vente constaterait que le prix avait été payé.

Enfin, si la dette du prix a été éteinte par suite d'une novation, le privilége a cessé d'exister, et la nouvelle créance ne sera pas colloquée dans le rang où l'aurait été celle qu'elle a remplacée (1).

Dans le cas où il y a plusieurs ventes successives, le premier vendeur est préféré au second, le second au troisième, et ainsi de suite (art. 2103). Ainsi, j'ai vendu ma maison à Primus, qui l'a revendue à Secundus, et Tertius l'a achetée de ce dernier. Je viendrai en premier rang, car l'immeuble n'est entré dans le patrimoine de Primus, qu'après avoir été grevé à mon profit d'un droit réel ; lorsque Primus a reçu la maison elle était toujours affectée du privilége que j'avais acquis, et elle s'est en outre trouvée atteinte d'un second privilége retenu par Primus. On voit que l'ordre établi par l'art. 2103 entre les vendeurs successifs est fondé sur la logique et sur la raison.

Nous devons dire quelques mots d'un privilége que le Code a classé sous le numéro 2 de l'art. 2103, mais qui aurait pu être confondu avec le privilége du vendeur ; c'est le privilége du bailleur de fonds. La loi suppose que l'acquéreur a emprunté à un tiers l'argent qui est nécessaire pour désintéresser le vendeur, et elle déclare que le tiers qui aura prêté cet argent sera privilégié, pourvu qu'il ait été *authentiquement* constaté : 1° que la somme empruntée était destinée à payer le prix de la vente;

---

(1) MM. Duranton, Persil.

2° qu'elle a reçu cet emploi. Ce n'est là, à vrai dire, qu'une subrogation faite dans les circonstances prévues par le n° 2 de l'art. 1250 du Code Napoléon; aussi, retrouvons-nous dans l'article 2103 les mêmes règles que dans l'art. 1250. Les conditions imposées au bailleur de fonds se justifient facilement. Le législateur a craint que l'acquéreur ne fût tenté d'avantager un de ses créanciers, en fabriquant un acte d'emprunt antidaté, dans lequel on aurait frauduleusement indiqué que l'argent avait été prêté pour désintéresser le vendeur, et en obtenant du vendeur une quittance, qui aurait faussement constaté que le prix avait été payé avec les fonds fournis par ce créancier. C'est pour éviter ces fraudes que l'on a exigé l'intervention d'un officier public. Ainsi, il ne suffirait pas que l'acte d'emprunt et la quittance eussent date certaine; le texte de la loi s'y oppose d'une manière formelle, et, d'ailleurs, il est incontestable que la sécurité ne peut être complète que lorsque l'exactitude de ces actes est garantie par la signature du notaire qui les a rédigés.

Les créanciers qui auront été subrogé par le fait du vendeur dans les circonstances prévues par le 1° de l'art. 1250, jouiront également de son privilége. L'art. 2103 ne prévoit pas ce cas, parce que aucun doute n'était possible en présence du texte de l'art. 1250.

Lorsque le vendeur n'aura pas été désintéressé complétement, il sera préféré, pour ce qui lui reste dû, aux bailleurs des fonds, au moyen desquels il a été payé en partie. On doit évidemment lui appliquer cet axiôme : *Nemo censetur cessisse contra se.*

Après avoir expliqué la nature et l'étendue des priviléges du vendeur et du bailleur de fonds qui a prêté à l'acheteur l'argent nécessaire pour payer le prix, nous devons examiner comment se conservent ces priviléges. La loi soumet la conservation de ces droits de préférence à une condition, la publicité (art. 2106, C. Nap.). Mais comment le privilége sera-t-il rendu public? L'art. 2108 répond à cette question : Il n'est pas nécessaire que le vendeur requière lui-même l'inscription sur les registres du conservateur. La transcription du titre translatif de propriété effectuée par les soins de l'acquéreur conserve les droits du vendeur. Mais cette transcription, tout en assurant la publicité du contrat de vente, ne suffirait peut être pas pour garantir complétement les intérêts des tiers. En effet, les personnes qui traitent avec le propriétaire d'un immeuble ne songent, en général, qu'à aller consulter les registres sur lesquels sont inscrites les charges qui peuvent grever cet immeuble. Il faut qu'elles trouvent dans ce registre des renseignements complets qui leur fassent connaître d'une manière exacte, jusqu'à concurrence de quelle somme le bien a été affecté. Il est donc nécessaire que toutes les hypothèques et tous les priviléges soient, autant que possible, portés sur ce registre. Voilà pourquoi le législateur a imposé au conservateur des hypothèques, qui a transcrit l'acte de vente, de prendre d'office une inscription pour le compte du vendeur (art. 2108). C'est, comme le disait le conseiller d'État Jollivet, lors de la discussion de l'article au conseil d'État, pour que le registre soit complet. Mais on doit bien remarquer que l'absence de cette inscription ne compromet en rien le privilége du vendeur, car les droits de ce créancier ne peuvent pas dépendre de l'exactitude du conservateur. Si l'inscription n'a pas été prise, le privilége n'en existe pas moins; seulement, le conservateur est responsable des suites de sa négligence envers les personnes à qui elle aurait nui, par exemple envers les créanciers, qui auraient consenti à prêter leur argent à l'acquéreur, parce qu'ils pensaient, à tort, que le prix avait été payé intégralement.

M. Troplong fait remarquer que les tiers ne pourront que très rarement obtenir une indemnité du conservateur. En effet, pour qu'il leur soit alloué des dommages-intérêts, il faudra qu'ils démontrent que, par suite de l'omission de l'inscription, il leur a été complétement impossible de connaître l'existence du privilége du vendeur. Or, cette preuve sera très difficile à fournir, puisqu'ils auront pu consulter le registre des transcriptions qui les aurait avertis sur ce point. Nous ne saurions admettre l'opinion de M. Troplong, car elle aurait pour résultat de détruire complétement la responsabilité du conservateur qui n'aurait pas pris l'inscription d'office. D'ailleurs, les tiers qui n'ont pas consulté le registre des transcriptions sont fort excusables. Ils devront s'y reporter, dit M. Troplong, pour savoir si les inscriptions prises du chef des précédents propriétaires, ont été prises en temps utile. Mais il est fort possible qu'il n'y ait que des hypothèques consenties par le possesseur actuel. Dans tous les cas, c'est le registre des inscriptions qui doit fournir aux tiers les renseignements dont ils ont besoin. S'il existe sur ce registre une omission imputable au conservateur et qui leur soit préjudiciable, le conservateur doit les indemniser.

Nous venons de voir que la transcription faite par les soins de l'acquéreur conserve le privilége du vendeur. La transcription aurait évidemment le même effet, si elle avait été requise par le vendeur lui-même. L'art. 2108 lui a donné un avantage que l'on ne peut pas retourner contre lui, et il serait absurde de conclure des termes de cet article, *la transcription faite par l'acquéreur vaudra inscription*... que la transmission faite par le vendeur ne pourrait avoir le même effet.

Ajoutons même que le vendeur n'est pas tenu de rendre son privilége public par la voie de la transcription. Il peut également prendre inscription. Toujours par le même motif, c'est que l'article 2108 n'a pas été fait pour lui imposer un mode de publicité dont il ne pourrait pas s'affranchir; mais pour lui fournir un moyen de se soustraire aux obligations imposées par le droit commun aux créanciers hypotécaires et privilégiés en général. Le vendeur peut renoncer au bénéfice de cette disposition exceptionnelle et rentrer dans la règle générale. Nous en avons du reste une preuve certaine dans l'art. 2108. Nous voyons, en effet, que le conservateur des hypothèques est tenu de prendre inscription pour le compte du vendeur; il ne peut prendre cette inscription que comme mandataire légal du vendeur; or, le mandant peut évidemment faire ce que fait son mandataire. Il est vrai que le conservateur ne prend inscription que lorsque la transcription a déjà eu lieu. On pourrait donc croire que le législateur a regardé la transcription comme un élément essentiel de la conservation du privilége du vendeur. Mais si l'on consulte l'esprit de la loi on reconnaîtra que le seul but que le législateur ait voulu atteindre, c'ést la publicité du privilége. Or, l'inscription assurera la publicité du privilége du vendeur comme elle assure la publicité du privilége du copartageant (art. 2109) et du droit des créanciers qui demandent la séparation des patrimoines (2111).

Un avis du conseil d'Etat du 3 floréal an XIII, a décidé que l'on pouvait transcrire un acte de vente sous-seing privé comme un acte authentique. En effet, comme le font remarquer les auteurs de cette décision, il n'y a aucune disposition précise qui s'oppose à ce qu'un acte sous signature privée, revêtu de la formalité de l'enregistrement soit transcrit sur les registres du conservateur des hypothèques; il est permis de constater la vente par des actes semblables, pourquoi ne pourrait-on pas porter ces actes à la connaissance du public par la voie de la transcription? D'ailleurs la discussion qui a eu lieu au conseil d'Etat (séance du 10 ventôse, an XII) ne peut laisser aucun doute sur l'intention du législateur sur cette question.

L'art. 2108 nous apprend que la transcription du contrat de vente conserve le privilége du bailleur de fonds comme celui du vendeur, dans le cas où le bailleur de fonds aurait été subrogé aux droits du vendeur par le même contrat. Cette disposition cesse d'être applicable dans le cas où l'acte de vente n'est pas un acte authentique. Dans ce cas, la transcription qui garantirait les droits du vendeur ne peut pas produire le même effet à l'égard du bailleur de fonds. En effet, nous avons vu que ce dernier créancier ne peut avoir droit à un privilége que dans le cas où la quittance du vendeur est authentique. Or, dans l'espèce que nous avons supposé, cette quittance faisait partie d'un acte sous-seing privé.

Le vendeur peut faire transcrire un acte sous-seing privé; mais aurait-il pu prendre simplement inscription en vertu de ce même acte. L'affirmative ressort de ce que nous avons dit précédemment. Nous avons vu que la loi, en déclarant que les droits du vendeur seraient conservés par la transcription de l'acte de vente, lui avait donné, à plus forte raison, le droit de prendre inscription. Ainsi, il est incontestable que toutes les fois que le vendeur pourra requérir la transcription de l'acte de vente, il lui sera loisible de ne prendre qu'une simple inscription. On s'étonne que lorsqu'il s'agit d'un privilége on puisse faire inscrire un acte sous-seing privé, tandis que le créancier qui veut conserver une hypothèque est obligé de présenter au conservateur l'expédition d'un acte authentique. Mais qui ne voit qu'il existe entre le privilége et l'hypothèque une immense différence? Le privilége naît de la qualité de la créance, quelle que soit la manière dont elle est prouvée. L'hypothèque, au contraire, ne peut résulter que d'un acte authentique. L'authenticité de l'acte constitutif de l'hypothèque est donc nécessairement une condition de l'inscription, puisque sans cette authenticité il n'y aurait pas d'hypothèque (1). Mais il n'y a pas de motif pour appliquer la même règle à l'inscription des priviléges.

Nous avons vu que le conservateur des hypothèques était tenu d'inscrire d'office la créance du vendeur, dans le cas où l'acte de vente constaterait que le prix n'avait pas été payé intégralement. Il ne pourrait pas se dispenser de prendre cette inscription sous le prétexte que le terme fixé par le contrat, pour le payement du prix, était expiré au moment de la transcription. Car il ne résulte pas de l'échéance du terme que l'acheteur ait rempli ses

---

(1) M. Persil, régime hypothécaire. — Arrêt de la Cour de cassation du 6 juillet 1807.

obligations. Mais il en serait autrement si l'acheteur représentait des quittances constatant l'acquittement intégral du prix de l'immeuble.

L'art. 2108 ne fixe pas le délai pendant lequel le conservateur doit prendre l'inscription d'office destinée à porter à la connaissance des tiers le privilége du vendeur conservé par la transcription. Doit-on conclure du silence de la loi que la responsabilité du conservateur sera à couvert, pourvu qu'il ait pris cette inscription, quelle que soit du reste l'époque à laquelle elle ait été prise?

Si l'on a bien compris l'esprit de l'art. 2108, on répondra sans hésiter que le conservateur doit inscrire la créance du vendeur immédiatement après la transcription de l'acte de vente et qu'il sera responsable envers les tiers du retard qu'il aurait apporté à l'accomplissement du devoir que lui impose la loi. Supposons, en effet, que l'acte de vente ait été transcrit le 1er mai; le 20 mai se présente, au bureau de la conservation des hypothèques, Pierre, qui est au moment de prêter de l'argent à l'acquéreur de l'immeuble et qui veut préalablement connaître les charges qui grèvent cet immeuble. Il demande donc au conservateur un état des priviléges et hypothèques inscrits; le conservateur, qui n'a pas encore inscrit le privilége du dernier vendeur, délivre un certificat où ne figure pas ce privilége. Puis, le 21 mai, il prend l'inscription d'office. Est-ce que cette inscription tardive a pu réparer le tort que le conservateur avait causé à Pierre en lui délivrant un certificat qui ne lui donnait que des renseignements incomplets sur la foi desquels il a prêté son argent à l'acquéreur? Evidemment non, et lorsque Pierre se verra primé par un créancier privilégié, dont l'existence lui était inconnue, il aura le droit de demander au conservateur une indemnité.

La transcription et l'inscription d'office n'ont d'effet que pendant un délai de dix années (art. 2154, C. Nap. et avis du conseil d'Etat du 22 janvier 1808). Au bout de ce temps l'inscription doit donc être renouvelée. On s'est demandé si le conservateur devait être chargé de veiller au renouvellement, on a décidé que c'était le créancier qui devait prendre ce soin (1), car après un aussi long intervalle de temps, le conservateur ne peut pas savoir si le privilége n'a pas cessé d'èxister par suite du payement intégral du prix de la vente. Dans tous les cas, il lui est impossible de prendre note de toutes les inscriptions prises au nom des vendeurs et de veiller à ce qu'avant les dix ans elles soient renouvelées.

Quelle sera la conséquence du défaut de renouvellement de l'inscription d'office? Nous pensons que le vendeur devra, pour conserver son privilége, renouveler son inscription avant l'expiration des dix années. S'il ne prend inscription qu'après l'expiration de ces dix années, l'effet de cette inscription remontera-t-il au jour de la vente, ou bien le vendeur ne sera-t-il classé qu'à la date de la dernière inscription? Pour trancher cette question, il faut se reporter aux termes de l'art. 2154, C. Nap. Voici ce que nous lisons dans cet article : « Les inscriptions conservent « l'hypothèque et le privilége pendant dix années, à compter du « jour de leur date; leur effet cesse si ces inscriptions n'ont été « renouvelées avant l'expiration de ce délai. » La loi nous dit qu'après un délai de dix ans l'effet de l'inscription cesse; cela signifie que si l'inscription n'a pas été renouvelée, le créancier hypothécaire ou privilégié doit se trouver dans la même situation que s'il n'avait pas pris d'inscription; l'inscription est considérée comme n'ayant jamais existé. Appliquons donc ce principe au vendeur et disons que si après l'expiration des dix ans, l'immeuble est encore entre les mains de l'acheteur, ou, en cas de revente, si l'on est encore dans la quinzaine de la transcription? La nouvelle inscription prise par le vendeur aura un effet rétroactif au jour de la vente.

(1) M. Duranton, priviléges et hypothèques, § 286 bis.

Une décision du ministre des finances du 6 floréal an VII, rendue sous l'empire de la loi de brumaire, mais qui est encore applicable sous la législation actuelle, a enjoint aux conservateurs de n'exiger ni droit proportionnel, ni salaire pour les inscriptions d'office. Les droits de transcription sont les seuls qui lui soient dus. En vertu des art. 52 et 54 de la loi du 28 avril 1816, les droits de transcription doivent être confondus dans les droits d'enregistrement dont le montant est fixé à un taux plus élevé. Le droit d'enregistrement des ventes d'immeuble est fixé à cinq et demi pour cent.

Le conservateur doit prendre inscription au nom du vendeur, lors même que celui-ci l'en aurait dispensé. En effet, ce n'est pas dans l'intérêt du vendeur, comme le soutient à tort M. Hua sur l'art. 29 de la loi du 11 brumaire an VII, que l'inscription d'office est prise par la loi, c'est dans l'intérêt des tiers qui pourraient contracter avec l'acquéreur. Ce n'est donc pas un avantage accordé par la loi au vendeur et auquel il puisse renoncer.

Lorsque par le contrat le vendeur désigne un de ses créanciers entre les mains duquel le prix doit être payé, la transcription du contrat attribue-t-elle à ce créancier le même privilége qu'au vendeur, et le conservateur doit-il prendre d'office inscription en son nom ?

M. Grenier (1) distingue entre le cas où la délégation a été acceptée et le cas où elle ne l'a pas été. « Au premier cas, dit-« il, il paraît être sans difficulté que la transcription est aussi « utile au créancier délégué, qu'elle l'est au vendeur lui-même, « et que le conservateur des hypothèques doit prendre une ins-« cription d'office pour le compte du créancier délégué, jusqu'à « concurrence du montant de la délégation. » Suivant lui, on

(1) Traité des hypothèques, n° 388, t. II.

ne peut douter que le créancier délégué qui a accepté la délégation, doive jouir de tous les droits qui appartenaient au vendeur lui-même. Il doit être traité comme le cessionnaire de la créance. Or, l'art. 2112, Code Napoléon, nous dit expressément que les cessionnaires des créances privilégiées sur les immeubles exercent tous les mêmes droits que les cédants en leur lieu et place. On oppose à M. Grenier l'autorité de la Cour de cassation, qui semble avoir adopté par son arrêt du 22 avril 1807 une doctrine contraire à la sienne; mais il objecte que cet arrêt a statué dans une espèce où la délégation n'avait pas été acceptée par le créancier. Or, dans ce cas, qu'il a distingué précédemment, il pense qu'en effet le créancier désigné dans la vente ne doit pas jouir du privilége du vendeur, parce qu'il n'y a pas de délégation, mais simplement une indication de payement.

M. Persil (1) ne fait aucune distinction. Dans tous les cas, soit que la délégation ait été acceptée par le créancier, soit qu'elle ne l'ait pas été, il lui refuse le privilége du vendeur et il décide que le conservateur des hypothèques doit prendre inscription non pas au nom du créancier délégué, mais au nom du vendeur.

Ce qui détermine M. Persil a adopter cette opinion, c'est que si l'on permettait au vendeur de transporter par une délégation son droit de préférence à quelques-uns de ses créanciers, « il « dépendrait toujours de lui de rendre illusoires les hypothèques « déjà acquises sur ses immeubles et de les faire primer par de « simples créanciers chirographaires à qui il lui plairait de « donner des priviléges. »

Quant à nous, nous adoptons la doctrine de M. Grenier. Nous ferons remarquer d'abord que la considération que présente M. Persil repose sur une erreur. La délégation consentie par le

---

(1) Régime hypothécaire, art. 2103, n° 15.

vendeur ne pourra pas nuire aux créanciers auxquels il avait donné antérieurement hypothèque. En effet, le privilége qu'exerceront les créanciers délégataires est un droit réel provenant du chef de l'acheteur. Or, les droits réels conférés par l'acheteur ne viendront qu'après ceux qui ont été conférés par le vendeur, en vertu du principe énoncé dans l'art. 2182, Code Napoléon. La délégation ne pourra donc pas nuire aux créanciers hypothécaires du vendeur. Les créanciers chirographaires seront les seuls qui puissent réclamer, mais leurs réclamations ne méritent pas d'être accueillies, car elles ne sont fondées que sur un sentiment de jalousie. En effet, il est certain que le vendeur pouvait céder sa créance à un tiers, et que ce tiers aurait été privilégié (art. 2112, Code Nap.). Les créanciers du vendeur ne pouvaient pas s'opposer à cette cession, pourquoi voudrait-on leur permettre de s'y opposer quand elle est consentie au profit de l'un d'entre eux? Nous n'en voyons pas de motif raisonnable. En conséquence, nous soutenons que toutes les fois que le vendeur a délégué un de ses créanciers pour recevoir tout ou partie du prix, et que ce créancier a accepté la délégation, il a, jusqu'à concurrence de la somme déléguée, le même privilége qu'a le vendeur, et que l'inscription d'office doit être prise en son nom.

Abordons maintenant la question la plus importante que soulève l'explication de l'art. 2108 du Code Napoléon. Nous en avons différé l'examen jusqu'à ce moment à cause des développements qu'elle nécessite. Il s'agit de savoir à partir de quelle époque le privilége du vendeur, et par conséquent celui du bailleur de fonds, produit son effet ; est-ce à partir du jour de la transcription ou de l'inscription? ou bien est-ce à partir du jour de la vente, quelle que soit l'époque à laquelle le privilége ait été porté sur les registres du conservateur? Décider que le vendeur ne prend rang qu'au jour de l'inscription, c'est anéantir son privilége et le transformer en une hypothèque régie par la maxime : *prior tempore, potior jure*. Déclarer que l'effet du privilége remonte au jour de la vente, lors même que l'inscription ne serait prise que longtemps après, c'est violer la règle générale qui domine l'inscription des priviléges sur les immeubles et qui est écrite dans l'art. 2106, Code Napoléon, où nous lisons : « Entre les créanciers les privi- « léges ne produisent d'effet à l'égard des immeubles, qu'autant « qu'ils ont été rendus publics....... ET A COMPTER DE LA DATE « DE CETTE INSCRIPTION. »

Voici quelle est la doctrine adoptée par le plus grand nombre des auteurs (1) sur cette question dont ils reconnaissent tous la difficulté : Tant que l'immeuble est entre les mains de l'acquéreur et même, s'il y avait eu revente, dans la quinzaine qui suit la transcription du nouveau contrat, le vendeur peut faire inscrire son privilége et cette inscription produira le même effet que si elle avait été prise au moment même de la vente. Mais si le privilége n'a pas été rendu public dans les délais que nous venons d'indiquer, il est définitivement éteint.

Le principal motif sur lequel s'appuyent les auteurs qui ont adopté cette opinion, c'est que l'art. 2108 n'a fixé aucun délai pendant lequel le vendeur soit tenu de faire inscrire son privilége. L'art. 2109 nous dit que le copartageant qui veut conserver son privilége doit s'inscrire dans les soixante jours à compter de l'acte de partage. L'art. 2111 impose aux créanciers et légataires qui veulent conserver le droit de demander la séparation du patrimoine du défunt, l'obligation de prendre inscription sur les immeubles dans les six mois, à compter de l'ouverture de la succession. Mais l'art. 2108 ne contient aucune disposition semblable en ce qui concerne le privilége du vendeur. Il faut donc en conclure que l'on doit faire application au vendeur des règles générales sur l'inscription des priviléges et hypothèques, c'est-à-dire qu'il peut utilement faire inscrire son privilége tant que

---

(1) MM. Persil, art. 2108, § 14. Grenier, n° 377, t. II. Duranton, t. 19, n°ˢ 209 et 210. Troplong, priviléges et hypothèques, t. 1, n°ˢ 278 et suivants. Zachariæ, § 278.

l'immeuble restera entre les mains l'acquéreur, et même en cas de revente, jusqu'à l'expiration délai de quinzaine, à partir de la transcription du nouveau contrat (art. 834, Code de proc. civ.). Quelle que soit l'époque à laquelle il aura pris inscription, cette inscription aura un effet rétroactif au jour de la vente.

M. Persil tire, en outre, argument des termes de l'art. 2108. Cet article porte que le vendeur *conserve* son privilége. « Or, dit « M. Persil, on ne conserve que ce que l'on a déjà, et si l'on eût « voulu ne donner de force au privilége que du jour de la trans- « cription, on n'aurait pas dit : Le vendeur conserve son privi- « lége, mais rend utile son privilége ou tout autre expression « équivalente. » Ce qui prouve que telle est bien l'acception du mot conserver dans l'art. 2108, c'est qu'il est pris dans le même sens dans les art. 2100 et 2111.

Les partisans de la doctrine que nous venons d'exposer avouent que l'art. 2108 ainsi interprété, se trouve en contradiction avec le texte de l'art. 2106. Mais ils déclarent que ces mots de l'article 2106: *les priviléges n'ont d'effet qu'à compter de la date de leur inscription*...... ne doivent pas être pris au pied de la lettre, qu'ils ne signifient pas que le rang des priviléges doit être déterminé d'après la date de l'inscription ; car alors il y aurait antinomie entre cet article et les articles 2095 et 2096, où nous lisons que le privilége est un droit que la qualité de la créance donne à un créancier d'être préféré aux autres créanciers même hypothécaires, et qu'entre les créanciers privilégiés la préférence se règle par les différentes qualités des priviléges.

Deux auteurs, dont le témoignage est précieux en cette matière, M. Tarrible, qui faisait partie du Tribunat au moment où le projet de Code lui fut soumis, et M. Grenier, qui fut chargé comme conseiller d'État de présenter au Corps législatif le titre des priviléges et des hypothèques, nous apprennent que l'interprétation littérale de l'art. 2106, qui aurait pour effet d'assimiler le privilége à l'hypothèque, n'est jamais entrée dans la pensée d'aucun de ceux qui ont coopéré à la rédaction de la loi. Mais alors que signifient ces mots : à compter de la date de leur inscription? Nous avouons que l'explication qu'on en donne nous semble bien vague et que quelque effort que les auteurs aient fait pour exprimer leur pensée, il nous a été difficile de la saisir. Suivant M. Tarrible, les auteurs de l'art. 2106 ont voulu dire que « le privilége n'acquérait toute sa consistance et même sa « qualité propre, que du moment où il était inscrit. » Voici ce que dit M. Troplong : « Le privilége a son fondement et son « existence dans la nature même de la convention. Mais cette « existence est condamnée à l'inertie tant que la publicité ne « vient pas lui donner le mouvement et la faculté d'agir au dehors. « Ce n'est donc que par l'inscription que le privilége peut se « mettre en action....... Le législateur, dans l'art. 2106, a voulu « seulement exprimer que c'est du moment de l'inscription du « privilége qu'il reçoit la faculté de se produire contre les tiers. » On voit que ces auteurs ont cherché à déguiser l'obscurité de leur pensée sous des métaphores ingénieuses mais qui, malheureusement, ne peuvent donner aucune idée nette et précise sur la question.

M. Persil ne s'étonne pas de voir l'art. 2108 contredire l'article 2106, attendu que suivant lui ce dernier article ne peut s'appliquer au privilége du vendeur, puisqu'il l'excepte expressément.

Tous les auteurs que nous venons de citer s'empressent de reconnaître le vice du système organisé par le législateur. Comment, en effet, ne s'étonnerait-on pas de voir le législateur imposer au vendeur, comme condition de la conservation de son privilége, l'obligation de le rendre public, alors que cette publicité ne peut être d'aucune utilité. Le vendeur qui aura fait inscrire son titre dix ans après la vente primera tous les créanciers hypothécaires inscrits avant lui. S'il n'avait pas pris d'inscription dans le délai fixé par l'art. 834 du Code de procédure civile, il serait déchu de son privilége. Pourquoi cette différence entre les deux cas? Est-ce que s'il a pris inscription les créanciers hypothécaires auront été avertis en temps utile? Non. Eh bien alors pourquoi exige-t-on l'inscription du privilége?

M. Valette, frappé des inconséquences de ce système, en a présenté un autre que nous allons résumer ici (1).

D'après M. Valette, pour comprendre les dispositions du Code Napoléon sur l'inscription des priviléges sur les immeubles, il faut se reporter à la loi du 11 brumaire an VII; cette loi avait donné la plus grande extension au principe de la publicité des actes qui intéressent la propriété immobilière. Elle exigeait l'inscription de toutes les hypothèques. Elle décidait qu'une inscription prise même en vertu d'une hypothèque générale ne frappait que les immeubles dont le débiteur était actuellement propriétaire; de sorte que le créancier était obligé de prendre inscription sur chacun des immeubles que son débiteur pouvait acquérir postérieurement. Les hypothèques légales de la femme mariée sur les biens de son mari, du mineur sur les biens de son tuteur devaient elles-mêmes être inscrites. Les mêmes principes amenaient nécessairement à considérer l'inscription comme une condition de la conservation des priviléges sur les immeubles. Aussi lisons-nous dans l'art. 2 de la loi : « L'hypo- « thèque ne prend rang et les priviléges sur les immeubles « n'ont d'effet que par leur inscription dans les registres pu- « blics à ce destinés, sauf les exceptions autorisées par l'ar- « ticle 11. » Quelle était l'utilité de cette inscription? Elle produisait le même effet que l'inscription des hypothèques; elle avertissait les tiers que l'immeuble allait être affecté d'un droit réel qui en diminuait la valeur, et cet avertissement leur était donné en temps convenable, car il précédait toujours la naissance du privilége. Voyons, en effet, comment les choses se

(1) De l'effet ordinaire de l'inscription en matière de priviléges sur les immeubles.

passaient relativement au privilége du vendeur. La transcription du contrat de vente suffisait pour conserver ce droit de préférence (article 29). Or, d'après l'art. 26, jusqu'à ce que cette transcription eût eu lieu, l'acheteur n'était pas encore devenu propriétaire à l'égard des tiers. Il ne pouvait donc pas valablement aliéner ou hypothéquer l'immeuble. Les créanciers ne pouvaient compter, à juste titre, sur l'hypothèque qu'ils avaient reçue de l'acheteur, que si elle leur avait été consentie postérieurement à la transcription. Or, à cette époque, d'après ce que nous venons de dire, ils avaient nécessairement connaissance du privilége du vendeur. Ainsi, sous la loi de brumaire le privilége du vendeur était nécessairement rendu public avant l'époque où il devait produire son effet. Il en était de même du privilége de l'architecte auquel se rapportent les art. 12 et 13 de la loi. Ces deux priviléges étaient, à vrai dire, des droits réels sur une valeur immobilière, retenus par ceux qui l'avaient apportée dans le patrimoine du débiteur commun. Le législateur avait voulu qu'avant que cette valeur ne fût entrée dans le patrimoine du débiteur, les créanciers qui l'y avaient apportée fissent connaître publiquement le droit de préférence qu'ils se réservaient. Tel était le sens de ces mots de l'art. 2 : *Les priviléges n'ont d'effet que par leur inscription.* Ces mots ne pouvaient s'appliquer qu'aux priviléges du vendeur et à celui de l'architecte, puisque les autres priviléges sur les immeubles consacrés par la loi de brumaire étaient dispensés d'inscription (art. 11).

Les auteurs de l'art. 2106 du C. Nap. ont voulu reproduire l'idée qui était exprimée dans l'art. 2 de la loi de brumaire. Ils ont voulu dire que pour la conservation des priviléges deux conditions étaient indispensables. Ces conditions étaient : 1° la publicité du privilége; 2° la nécessité de rendre le privilége public avant que la valeur sur laquelle il portait ne fût entrée dans le patrimoine du débiteur. Ils exprimaient la première condition par ces mots : *les priviléges n'ont d'effet qu'autant qu'ils ont été rendus publics*, et la seconde par ceux-ci : *les priviléges n'ont d'effet qu'à compter de la date de leurs inscriptions.* Ainsi, cette dernière phrase, dont l'interprétation soulève de si grandes difficultés, signifie que les priviléges ne conservent leur qualité, ne restent de véritables priviléges, que d'après l'époque à laquelle ils ont été inscrits. On doit tenir compte de la date de leurs inscriptions. Telle est la règle générale sur l'inscription des priviléges.

Si nous en faisons l'application au privilége du vendeur, nous sommes conduits à dire que ce privilége doit être rendu public avant que l'acquéreur ne soit devenu propriétaire de l'immeuble. Or, dans la pensée des rédacteurs de l'art. 2106, l'époque à laquelle la propriété passait sur la tête de l'acquéreur, était non pas l'époque de la vente, mais l'époque de la transcription. Ainsi, les art. 2106 et 2108 n'auraient fait, suivant M. Valette, que consacrer le système de la loi de brumaire.

La comparaison des art. 2106 et suivants avec les dispositions correspondantes de la loi de brumaire ne peut laisser aucun doute sur l'intention des auteurs de ces articles. Nous retrouvons dans le Code Napoléon les mêmes expressions que dans la loi de brumaire. Pour s'en convaincre on n'a qu'à rapprocher les art. 2106, 2108, 2110, C. Nap. des art. 2, 29 et 12 de la loi de brumaire. Peut-on admettre qu'il existe une telle similitude entre deux législations essentiellement différentes ? Il est évident que si le législateur de 1804 avait voulu substituer un nouveau système à celui qui était alors en vigueur, il aurait annoncé un pareil changement, de telle sorte qu'il eût frappé les yeux de tous ceux qui auraient ouvert le Code, et se serait surtout bien gardé de copier presque textuellement les articles qu'il voulait abroger. Ce n'est pas d'ailleurs le texte seul de la loi qui peut nous faire penser que le Code Napoléon s'accordait en ce point avec la loi de brumaire. Si l'on consulte les procès-verbaux du conseil d'État, on verra qu'au moment de la discussion des art. 2106 et 2108, il n'était nullement question de renverser le régime hypothécaire établi par la loi de brumaire.

Ce ne fut que plus tard et à propos des art. 2181 et 2182 que l'on pensa à modifier la législation précédente. Nous verrons plus bas comment s'opéra l'innovation et quelles en furent les conséquences. Disons seulement, quant à présent, en quoi elle consistait. L'article du projet de Code qui exigeait la transcription comme condition de la translation de la propriété à l'égard des tiers fut supprimé. Il en résulta qu'à partir de la vente l'acheteur put valablement hypothéquer son bien. Dès lors, le système des art. 2106 et 2108 s'écroulait tout entier ; on comprend, en effet, que ce système ne peut subsister qu'autant que la formalité qui annonce aux tiers la naissance du privilége est la même qui transfère la propriété à l'acheteur. Si le privilége peut être rendu public après que l'acheteur est devenu propriétaire, après que les créanciers de cet acheteur ont pu compter sur l'immeuble et le croire libre de toute charge qui leur nuirait, la publicité est incomplète et manque son but. M. Valette pense donc que le changement apporté dans la rédaction de l'art. 2182, C. Nap., a abrogé implicitement l'art. 2108. Cet article subsiste encore dans le Code, mais il n'a plus de raison d'être. C'est une lettre morte, l'esprit qui l'animait a disparu.

Mais si on supprime l'art. 2108, comment le remplacera-t-on? Quelles sont les formalités que l'on imposera à l'acheteur pour conserver son privilége? On n'en imposera aucune et on dira que l'acheteur, lors même qu'il n'aurait pas pris d'inscription, lors même que le contrat de vente n'aurait pas été transcrit, pourra opposer son droit de préférence aux autres créanciers.

Cette conclusion peut sembler hardie, mais suivant M. Valette, elle est en parfait accord avec le système général du Code Napoléon sur la translation de la propriété immobilière. En effet, pourquoi a-t-on refusé d'admettre les dispositions de l'art. 26 de la loi de brumaire? C'est parce qu'on a jugé la transcription inutile. On a pensé qu'il n'était pas nécessaire de faire inscrire sur un registre public les actes constatant les mutations qui s'opèrent dans la propriété des immeubles. Tous ceux qui traitent avec un individu qui se dit propriétaire d'un immeuble ne manquent jamais de se faire représenter les titres de propriété de cet immeuble. Ils apprennent ainsi tout ce qui leur est nécessaire de savoir. Eh bien! d'après ce raisonnement, on doit supposer que tous les créanciers auxquels l'acquéreur proposera une hypothèque sur l'immeuble qu'il a acheté, exigeront la production des titres de cet acquéreur; la simple lecture du contrat de vente leur fera connaître l'existence du privilége de vendeur. Il faut donc conclure que l'inscription de ce privilége est inutile.

Ainsi, d'après M. Vallette, le vendeur conserve le droit de préférence indépendamment de toute inscription ou transcription. Mais conserve-t-il de même le droit de suite? L'art. 834 du Code de procédure civile répond à cette question. Il nous avertit que les créanciers hypothécaires ou privilégiés, dont les droits sont antérieurs à l'aliénation de l'immeuble, ne peuvent les conserver que s'ils prennent inscription dans la quinzaine qui suit la transcription. Cette règle s'applique au vendeur comme aux autres créanciers privilégiés, ainsi que nous l'établirons plus loin en expliquant l'art. 834 du C. de pr. civ.

Quelque séduisant que soit le système de M. Valette, nous ne croyons pas qu'on doive l'adopter, et voici quelle est la considération qui nous détermine. M. Valette nous dit : on ne doit plus tenir compte de l'art. 2108, car il a été abrogé implicitement par l'art. 2182, et ce qui établit cette abrogation c'est que le motif qui a fait adopter la rédaction actuelle de l'art. 2182, est en contradiction manifeste avec l'idée sur laquelle reposait l'art. 2108. Nous reconnaissons qu'une disposition législative peut être abrogée implicitement par une disposition postérieure, mais nous n'admettons cette abrogation que lorsqu'il existe une contradiction entre les dispositions elles-mêmes, et non pas entre les motifs qui les ont inspirés. Or, ici nous ne trouvons rien de pareil. L'art. 2108 nous dit que la transcription est nécessaire pour conserver le privilége du vendeur; d'autre part il résulte de l'art. 2182, que la transcription n'est pas nécessaire pour consolider à l'égard des tiers, les aliénations des biens susceptibles d'hypothèques. Voilà deux textes qui peuvent être appliqués simultanément. Pour trouver la contradiction il faut se reporter aux motifs de la loi. Mais qu'y a-t-il de plus incertain que les motifs qui ont inspiré le législateur et où cette incertitude est-elle plus grande que dans la matière qui nous occupe ?

Concluons donc que la loi, toute défectueuse qu'elle est, doit être appliquée, et que le vendeur est obligé de rendre son privilége public par une transcription ou une inscription, pour pouvoir le conserver. Cette inscription, si elle est prise pendant que l'immeuble est entre les mains de l'acheteur ou dans le délai fixé par l'art. 834, C. de pr. civ., aura un effet rétroactif au jour de la vente. On peut d'ailleurs remarquer que la publicité du privilége ne sera pas toujours aussi tardive qu'on le redoute. En effet, le vendeur craignant de perdre son privilége par suite d'un de ces événements imprévus qui l'empêcheraient de s'inscrire, se hâtera de le rendre public.

Du reste, l'imperfection que nous signalons dans la loi, va bientôt disparaître, si, comme nous l'espérons, le corps législatif adopte le projet de loi qui lui est soumis en ce moment, et qui aurait pour effet de rétablir dans notre législation la disposition que contenait l'art. 26 de la loi du 11 brumaire an VII.

DE L'EFFET DE LA TRANSCRIPTION RELATIVEMENT A LA PRESCRIPTION DES PRIVILÉGES ET HYPOTHÈQUES.

C'est dans l'art. 2180 que nous trouvons les règles établies par le Code Napoléon sur la prescription des priviléges et hypothèques. Le paragraphe 4 de cet article est ainsi conçu : « La « prescription est acquise au débiteur, quant aux biens qui sont « dans ses mains, par le temps fixé pour la prescription des « actions qui donnent l'hypothèque ou le privilége. Quant aux

« biens qui sont dans la main d'un tiers détenteur, elle lui est « acquise par le temps réglé pour la prescription de la propriété « à son profit : dans le cas où la prescription suppose un titre, « elle ne commence à courir que du jour où il a été transcrit « sur les registres du conservateur. »

La loi distingue avec raison deux cas qui sont régis par des principes différents :

Premier cas. — Si l'immeuble est resté entre les mains du débiteur ou de ses successeurs, tenus personnellement de la dette, la prescription de l'hypothèque est inséparable de la prescription de la dette; ou pour mieux dire, il n'y a pas de prescription spéciale de l'hypothèque. L'extinction de l'obligation principale amènera nécessairement l'extinction des garanties qui y étaient attachées, en vertu de ce principe fondé sur le bon sens, que l'accessoire doit avoir le même sort que le principal. Ainsi, dans ce cas, les règles sur la prescription de l'hypothèque sont celles qui s'appliquent à la prescription libératoire de la dette. Si tel est le sens de la première partie du 4° de l'art. 2180, on est tenté de croire qu'il est complètement inutile, car les interprètes de la loi auraient bien pu, même dans le silence de la loi, tirer des principes généraux les dispositions qu'il contient. Nous répondrons que le législateur a eu deux motifs pour s'expliquer sur ce point. Il a d'abord voulu mettre en opposition le cas où le bien hypothéqué était resté entre les mains du débiteur et celui où il avait été acquis par un tiers détenteur. En second lieu, il a pensé qu'il était nécessaire d'abroger en termes exprès les régles suivies dans le droit romain et dans l'ancienne jurisprudence sur la prescription des hypothèques. Dans ces législations la durée de la prescription de l'hypothèque était en certains cas fixée à quarante ans, tandis que la dette principale se prescrivait par un délai de trente ans. On aurait peut être été tenté de suivre les anciens usages, si les auteurs du Code Napoléon n'avaient fait connaître avec clarté la doctrine qu'ils avaient adoptée.

Deuxième cas. — L'immeuble est passé entre les mains d'un tiers détenteur; la prescription change alors de caractère, ce n'est plus une prescription libératoire, c'est une prescription acquisitive. Le tiers qui a acquis l'immeuble grevé d'une hypothèque ou d'un privilége n'a pas reçu du vendeur l'ensemble des droits réels que la loi lui permet d'avoir. Un de ces droits avait été distrait antérieurement. Le tiers peut l'acquérir par tous les moyens établis par la loi pour l'acquisition des droits réels immobiliers; or, au nombre de ces moyens, figure la prescription. C'est par ce raisonnement que le législateur a été amené à décider que, dans le cas où un tiers détenteur prescrit une hypothèque ou un privilége, on appliquerait les mêmes règles que si au lieu d'acquérir la franchise de son immeuble, il s'agissait pour lui d'en acquérir la propriété. Tel est évidemment le sens de l'art. 2180-4°; et il faut bien se garder de conclure du texte de la loi que la prescription de l'hypothèque par le tiers détenteur n'est qu'une conséquence de la prescription de la propriété, ce serait une erreur très grave. Ces deux prescriptions sont régies par les mêmes règles; mais elles sont complètement indépendantes l'une de l'autre : l'une peut s'accomplir par dix ans, l'autre par vingt ans; les causes qui suspendent ou interrompent le cours de l'une ne suspendent et n'interrompent pas l'autre, en outre leur point de départ est différent.

D'un autre côté, il ne faut pas restreindre l'étendue de ce principe, que la prescription de l'hypothèque s'acquiert par le temps réglé pour la prescription de la propriété. M. Delvincourt a cru que la prescription de l'hypothèque ne pouvait s'accomplir que par trente, vingt ou dix ans. M. Troplong fait remarquer qu'on ne voit pas pourquoi il en serait ainsi, et pourquoi dans le cas de l'art. 559 du Code Napoléon, où il suffit d'un délai d'un an pour que la propriété soit acquise au tiers qui s'est mis en possession; le même délai ne lui aurait pas fait également acquérir la libération de l'immeuble.

Disons donc d'une manière générale, que toutes les prescriptions qui ont pour résultat d'acquérir la propriété à un possesseur, prescriptions de trente ans, de dix ou vingt ans, ou d'un an seulement, sont applicables au tiers détenteur et peuvent lui conférer l'affranchissement de l'immeuble. Une seule de ces prescriptions doit nous occuper : c'est la prescription de dix ou vingt ans, la seule qui suppose un titre. D'après l'art. 2180, le point de départ de cette prescription est, non pas le moment de l'entrée en possession du tiers détenteur, mais la date de la transcription du titre en vertu duquel il détient l'immeuble.

Nous trouvons l'origine de cette disposition dans les coutumes des pays de nantissement. D'Héricourt (1) nous apprend que plusieurs auteurs, qui avaient écrit sur la coutume de Vermandois et les coutumes semblables, pensaient que dans le cas où la prescription s'accomplissait par dix ou vingt ans, elle devait commencer du jour de la vesture du tiers détenteur et non pas du jour de la prise de possession réelle. Il est vrai que le motif sur lequel ils appuyaient cette décision était bien différent de celui qui, suivant nous, a inspiré au législateur du Code Napoléon la disposition que nous examinons en ce moment. Les auteurs dont parle d'Héricourt refusaient au tiers détenteur le droit de commencer la prescription de dix ou vingt ans avant d'avoir été vestu, parce que, disaient-ils, jusqu'à ce moment il n'avait pas de juste titre, « car le juste titre est celui qui autorise à « posséder avec l'esprit de propriétaire, et l'on ne peut posséder « avec cet esprit sans vesture ». Quoi qu'il en soit, il est probable que c'est l'interprétation donnée par ces auteurs aux coutumes des pays de nantissement qui a inspiré les rédacteurs du Code Napoléon. Ils ont considéré l'institution en elle-même et ils l'ont adoptée à cause des avantages qu'elle présentait, quoiqu'ils rejetassent l'idée sur laquelle elle était fondée. Cette remarque

---

(1) Traité de la vente des immeubles par décret, chap. 11, sect. 3, § 13. D'Héricourt combat cette opinion.

peut s'appliquer d'une manière générale aux emprunts que les législateurs modernes ont faits aux coutumes des pays de nantissement. Ils adoptaient des principes sortis originairement de la féodalité, quoique la féodalité eût disparu à tout jamais.

M. Tarrible (1), trouve que dans l'état de notre législation, il n'est pas logique de ne faire courir la prescription de l'hypothèque que du jour de la transcription du titre en vertu duquel le tiers détenteur a été mis en possession de l'immeuble « Cette « disposition, dit-il, aurait été dans une harmonie parfaite avec « le système de la loi de brumaire, an VII. Pour prescrire il faut « posséder à titre de propriétaire. L'acquéreur, suivant l'art. 26 « de la loi du 11 brumaire an VII, ne pouvait devenir propriétaire « que du jour de la transcription de son titre dans le registre « du bureau des hypothèques; le cours de la prescription de « l'hypothèque ne pouvait donc commencer pour lui qu'à partir « du même jour. Le Code civil a changé celle du 11 brumaire « dans ce point. La transmission de la propriété n'est point sus- « pendue jusqu'à la transcription..... Il semblerait d'après cela, « que le cours de la prescription dût partir du jour de l'acqui- « sition pour acquérir la libération de l'hypothèque, tout comme « elle part de ce jour lorsqu'il s'agit de prescrire la propriété. »

Nous ne partageons pas sur ce point l'opinion de M. Tarrible, et nous croyons que la décision écrite dans l'art. 2180-4°, se concilie parfaitement avec les principes du Code Napoléon sur la transcription. M. Grenier (2), nous indique le véritable motif de la loi. Le législateur n'a pas voulu que le tiers détenteur pût commencer à prescrire contre les créanciers hypothécaires avant la transcription du titre, parce que jusqu'à cette époque la possession n'aurait pas eu ce caractère de publicité qui est une des conditions indispensables de la prescristion. Les créanciers hypothécaires auraient fort bien pu ignorer que l'immeuble était pos-

(1) Répert. de jurispr., v° Radiation des hypothèques, n° VIII.
(2) Traité des hypothèques, t. 2, n° 112.

sédé à titre de propriétaire par un autre que celui qui leur avait consenti une hypothèque, ou sur lequel ils avaient acquis un privilége. Il n'en est pas de même à l'égard du propriétaire qui a nécessairement avec l'immeuble des rapports fréquents, et qui doit par conséquent avoir immédiatement connaissance de la prise de possession de cet immeuble dès qu'elle a eu lieu. Mais le créancier hypothécaire ne songe pas à conserver, à améliorer le bien qui lui est hypothéqué, à en percevoir les revenus. Il n'a donc aucun moyen de reconnaître si celui qui occupe la maison ou qui exploite le fonds de terre, le détient pour le compte du véritable propriétaire ou le possède en son propre nom. Il fallait que la loi veillât à ce qu'il reçût un avertissement suffisant, qui ne pouvait résulter que de l'insertion du titre du tiers détenteur dans un registre public. On voit que sous l'empire du Code Napoléon il n'y a rien d'illogique à faire commencer la prescription de l'hypothèque du jour de la transcription du titre, tandis que la prescription de la propriété commence du jour de la prise de possession.

On nous objectera sans doute que le législateur aurait dû prendre des précautions semblables pour rendre publique la prescription de trente ans. Mais nous répondrons d'abord que, le plus souvent, cette prescription s'accomplit sans que le possesseur soit muni d'aucun titre qui puisse être transcrit, et en second lieu, que la longueur de cette prescription a rassuré le législateur, qui a pensé que dans un intervalle de trente ans, il était presque impossible que le créancier hypothécaire ou privilégié n'eût pas connaissance du changement qui s'était opéré dans la possession de l'immeuble (1).

L'art. 2180-4° nous dit que dans le cas où la prescription suppose un titre, elle ne commencera que du jour de la transcription de ce titre. La prescription qui suppose un titre est celle dont les règles sont posées dans les art. 2265 et suivants du Code

---

(1) M. Duranton, t. 20, n° 311.

Napoléon. Or, nous voyons dans l'art. 2265 que, pour invoquer cette prescription, il ne suffit pas d'avoir un juste titre, il faut encore être de bonne foi. Dans quels cas pourrons-nous dire que le tiers détenteur est de bonne foi? Cette question a divisé les auteurs. Nous allons exposer les différentes solutions qu'ils en ont données.

M. Duranton est celui de tous les auteurs qui est le plus favorable au tiers détenteur et qui l'admet le plus facilement à la prescription de dix ou vingt ans. Suivant lui, il faut bien se garder, en cette matière, d'appliquer à la prescription des hypothèques les principes qui régissent la prescription de la propriété. « Les rédacteurs du Code, dit-il (1), n'ont pas entendu « faire de l'ignorance où serait de l'existence des hypothèques « l'acheteur, en achetant, une condition de bonne foi néces- « saire pour la prescription de dix ou vingt ans contre les « créanciers, ainsi qu'ils ont entendu faire de l'ignorance où « serait l'acheteur, qu'il achète la chose d'autrui, une condition « de bonne foi nécessaire pour l'acquisition de la propriété à « son profit, par le moyen de cette prescription. » Ainsi, lors même qu'il serait établi que le tiers détenteur avait ou devait avoir connaissance des priviléges et hypothèques, soit parce qu'ils étaient mentionnés dans le titre en vertu duquel il s'est mis en possession, soit parce qu'ils étaient inscrits, le tiers détenteur n'en devait pas moins être considéré comme étant de bonne foi.

Voici quels sont les arguments que M. Duranton invoque à l'appui de son opinion :

Il fait d'abord remarquer que, si l'ignorance de l'hypothèque est une condition essentielle de la bonne foi, pour appliquer les règles tracées par le Code Napoléon sur la prescription de l'hypothèque par dix ou vingt ans, il faut supposer qu'il se présentera des cas où le tiers détenteur n'aura pas eu connaissance de l'hypothèque. Or, peut-on croire que le législateur, qui avait

---

(1) M. Duranton, t. xx, n.° 315.

pris tant de soin pour rendre publiques les charges qui grèvent les immeubles, ait reconnu que les précautions qu'ils prenaient pouvaient être inutiles, et que, dans certaines hypothèses, le tiers détenteur ignorerait non-seulement en fait, mais en droit, les priviléges et hypothèques dont l'immeuble est affecté.

M. Duranton tire ensuite argument du dernier paragraphe de l'art. 2180. On y voit que les inscriptions n'interrompent pas le cours de la prescription contre l'hypothèque. C'est là une règle générale applicable aussi bien à la prescription de dix ou vingt ans qu'à la prescription de trente ans. Puisque les inscriptions n'interrompent pas ces prescriptions, elles ne doivent pas non plus les empêcher de commencer leur cours.

En troisième lieu, M. Duranton voit une confirmation de sa théorie dans l'art. 2176 du Code Napoléon, qui est ainsi conçu : « Les fruits de l'immeuble hypothéqué ne sont dus par le tiers « détenteur, qu'à compter du jour de la sommation de payer « ou de délaisser..... » N'est-ce pas là une preuve que jusqu'à la sommation le tiers détenteur est considéré comme étant de bonne foi, et peu importe qu'il ait eu connaissance de l'hypothèque avant ou après d'être entré en possession.

D'ailleurs, pourquoi veut-on que la connaissance que le tiers-détenteur avait de l'hypothèque fût un obstacle à sa bonne foi ? Il savait que l'immeuble avait été affecté au payement d'une dette ; mais il pouvait croire que cette dette avait été ou serait payée ; qu'il pouvait, par conséquent, jouir de l'immeuble en toute sécurité. C'est cette opinion, qui n'avait rien de déraisonnable, qui a constitué sa bonne foi. Sa croyance a été confirmée par le long silence des créanciers.

En résumé, M. Duranton s'appropriant la doctrine de Rousseau de Lacombe, pense que « pour empêcher un acquéreur ou « donataire de prescrire par dix ou vingt ans, sa seule science « des hypothèques ne suffit pas, il faut une interruption for- « melle. »

MM. Delvincourt (1) et Grenier (2) vont beaucoup moins loin. Ils admettent, il est vrai, que les inscriptions existantes lors de la vente ne sauraient suffire par elles-mêmes pour constituer en mauvaise foi le tiers détenteur. Quand donc le tiers détenteur sera-t-il de mauvaise foi? Lorsqu'il aura été déclaré dans le contrat que la vente était faite à la charge des hypothèques. Dans ce cas, dit M. Grenier, le tiers détenteur n'a aucun motif légitime pour croire que le débiteur acquittera lui-même les créances inscrites.

Enfin, MM. Troplong (3), Aubry et Rau (4) adoptent un système tout opposé et que nous croyons de beaucoup préférable aux deux autres.

M. Troplong distingue deux hypothèses : 1° le contrat d'acquisition portait que la vente n'était faite qu'à la charge des hypothèques qui grevaient l'immeuble. Dans ce cas, le tiers détenteur ne peut pas évidemment être considéré comme étant de bonne foi; car qu'est-ce que la bonne foi? C'est la conviction que l'immeuble que l'on vient d'acquérir est franc et libre d'hypothèques. Or, dans le cas que nous venons de supposer, le tiers détenteur ne peut pas avoir cette conviction;

2° Le contrat d'acquisition ne contient aucune mention relative aux hypothèques dont l'immeuble peut être grevé. Dans ce cas, le tiers acquéreur doit être présumé de bonne foi, car l'article 2268, C. Nap., nous dit que la bonne foi doit être présumée. Mais cette présomption tombera si les créanciers prouvent que le tiers détenteur au moment où a commencé la prescription, avait connaissance des priviléges et hypothèques. Mais, disent les partisans de l'opinion contraire, le tiers détenteur a pu croire que la dette que garantissait le privilége ou l'hypothèque était déjà éteinte ou tout au moins qu'elle serait payée par le débiteur. Nous répondons que cela ne suffisait pas pour rassurer le tiers

(1) Cours de Code Napoléon, t. 2, p. 251, note 2.
(2) Traité des hypothèques, t. 2, n°s 512-515.
(3) Priviléges et hypothèques, t. 4, n°s 879-883.
(4) Notes sur Zachariæ, § 293, note 4.

détenteur, il savait fort bien que le débiteur pouvait ne pas remplir ses engagements, et qu'il pouvait être lui-même inquiété dans la possession de son immeuble; il devait donc nécessairement y avoir du doute et de l'incertitude dans son esprit; or ce sont là des circonstances qui excluent nécessairement la bonne foi, qu'il s'agisse de la prescription de la propriété ou de la prescription de l'hypothèque.

On prétend que le silence que les créanciers hypothécaires ont gardé pendant dix ou vingt ans, a dû confirmer le tiers détenteur dans la persuasion où il était que la dette avait été payée par le débiteur. Mais on sait bien que c'est au moment où la prescription a commencé que la bonne foi est nécessaire (article 2269); or, nous venons de démontrer qu'à cette époque elle ne pouvait pas exister, parce que la croyance du tiers détenteur ne reposait sur rien de certain, il importait peu qu'elle se soit confirmée postérieurement.

Quant à l'argument que l'on tire de l'art. 2176, il résulte d'une fausse interprétation de ce texte de loi. Le tiers détenteur fait les fruits siens jusqu'au jour de la sommation, non pas parce qu'il est de bonne foi à l'égard des créanciers hypothécaires; mais parce que l'hypothèque, tant qu'elle n'est pas mise en action, n'empêche pas le détenteur de l'immeuble hypothéqué d'en jouir et d'en tirer tout le produit dont il est susceptible. La sommation de payer ou de délaisser vient mettre un terme à cet état de choses non pas parce qu'elle constitue le tiers détenteur de mauvaise foi, mais parce qu'elle indique de la part des créanciers hypothécaires l'intention d'exercer sur l'immeuble et sur ses accessoires le droit réel qui leur a été conféré. Aussi, nous n'hésitons pas à penser que l'art. 2176 recevrait son application lors même que le tiers détenteur aurait, dès le principe, été de mauvaise foi; le texte de la loi ne fait aucune distinction à cet égard.

Enfin, on ne peut pas objecter à l'opinion que nous soutenons qu'elle aura pour conséquence de rendre inapplicables les dispositions de la loi sur la prescription de dix ou vingt ans, parce que l'on ne pourra jamais trouver de cas où le tiers détenteur soit de bonne foi. Ces cas seront beaucoup moins rares qu'on le prétend. En effet, il est fort possible que les créanciers hypothécaires ne puissent pas établir que le tiers détenteur a eu connaissance des hypothèques inscrites; en outre, il y a d'autres hypothèques qu'il aura presque toujours ignorées, ce sont les hypothèques légales dispensées d'inscription, et celles qui n'auront été inscrites que dans la quinzaine qui suit la transcription.

DES EFFETS DE LA TRANSCRIPTION RELATIVEMENT A LA PURGE DES PRIVILÉGES ET DES HYPOTHÈQUES.

Les priviléges et les hypothèques qui grèvent un immeuble en diminuent beaucoup la valeur et entravent par conséquent la circulation des biens. Il est peu de personnes qui consentent à acquérir un bien qu'elles peuvent être forcées d'abandonner ou qu'elles ne pourront conserver qu'au prix de sacrifices considérables. L'intérêt public exigeait donc que l'on donnât aux acquéreurs d'immeubles le moyen de s'en assurer la paisible possession en les dégageant de toutes les charges imposées par les précédents propriétaires. Mais, d'un autre côté, le législateur devait se préoccuper de l'intérêt des créanciers qui avaient acquis sur ces biens des droits réels qui leur avaient été conférés par la loi ou par des contrats. On ne pouvait leur enlever le gage qu'ils avaient reçu sans garantir le paiement de leurs créances. Ce sont ces considérations qui ont inspiré aux auteurs du Code Napoléon le système de purge que nous trouvons développé dans les art. 2180-2192. L'acquéreur qui veut purger doit rendre public son contrat d'acquisition; puis il offre aux créanciers de leur distribuer dans l'ordre établi par la loi le prix dont il est débiteur envers son vendeur. Les créanciers ont alors le choix ou d'accepter les offres qui leur sont faites ou de requérir la vente aux enchères de l'immeuble dans le cas où ils espèrent que ce mode d'aliénation leur sera plus avantageux. Nous n'exposerons pas ici toutes les règles de la procédure de la purge. Ces matières sont en dehors de notre sujet. Nous ne nous occuperons, comme l'indique le titre de cette thèse, que du premier acte de la purge, de la transcription par laquelle l'acquéreur fait connaître aux créanciers les conditions auxquelles il est devenu le propriétaire de l'immeuble. Nous nous contenterons par conséquent d'expliquer les dispositions des art. 2181 et 2182 du Code Napoléon.

Avant d'examiner en détail les difficultés soulevées par ces articles, il est important de bien déterminer le rôle que joue ici la transcription. Le texte de la loi est facile à comprendre; mais lorsqu'on le rapproche de la législation de brumaire an VII, et de différentes dispositions du Code Nap., on ne peut se défendre d'une grande incertitude sur le système que la loi a adopté.

Recherchons tout d'abord quels effets les art. 2181 et 2182 du Code Napoléon attribuent à la transcription. L'art. 2181 prescrit simplement la transcription aux acquéreurs qui veulent purger ; mais il ne nous éclaire pas sur le but que s'est proposé le législateur en imposant cette formalité et sur les avantages qui doivent en résulter. L'art. 2182 nous dit que la simple transcription des titres translatifs de propriété sur le registre du conservateur ne purge pas les hypothèques et priviléges établis sur l'immeuble. Cela nous prouve que la transcription n'est que le préliminaire de la purge; mais cela ne nous fait pas connaître les effets de la transcription. La difficulté augmente lorsque l'on continue la lecture de la loi.

Nous voyons dans l'art. 2183 que le tiers acquéreur qui veut purger adresse aux créanciers inscrits différentes notifications dans lesquelles il leur fait connaître l'immeuble qu'il a acheté, le prix qu'il leur offre, les charges qui grèvent l'immeuble. Est-ce que ces indications ne sont pas suffisantes pour permettre aux créanciers hypothécaires de décider s'il y a lieu de surenchérir? Qu'était-il besoin de faire précéder ces notifications d'une formalité dispendieuse ?

Ces considérations seraient de nature à faire croire que la

transcription n'est pas seulement le premier acte de la purge et qu'elle continue à jouer sous le Code Napoléon le même rôle que sous la loi de brumaire an VII. Mais nous allons démontrer que cette opinion, quelque plausible qu'elle soit, ne peut être adoptée, et que d'ailleurs la transcription est nécessaire pour compléter les renseignements auxquels ont droit les créanciers inscrits sur l'immeuble qui doit être purgé.

Nous devons faire une distinction entre les aliénations à titre gratuit et les aliénations à titre onéreux. Nous examinerons d'abord les effets de la transcription à l'égard des aliénations à titre gratuit.

L'art. 939 du Code Napoléon est ainsi conçu : « Lorsqu'il y « aura donation de biens susceptibles d'hypothèques, la trans- « cription des actes concernant la donation et l'acceptation, « ainsi que la notification de l'acceptation qui aurait eu lieu par « acte séparé, devra être faite aux bureaux des hypothèques « dans l'arrondissement desquels les biens sont situés. » Ainsi, relativement aux donations d'immeubles, le doute n'est pas possible ; la loi a fait de la transcription une des conditions de ces aliénations.

L'art. 941 nous apprend quelles sont les conséquences de l'accomplissement de cette formalité : « le défaut de transcription « pourra être opposé par toutes personnes ayant intérêt, excepté « toutefois celles qui sont chargées de faire faire la transcrip- « tion ou leurs ayants cause et le donateur. » Nous n'entrerons pas dans l'explication détaillée de cet article, car nous ne considérons dans cette thèse la transcription qu'au point de vue des priviléges et des hypothèques, et nous n'avons pas à rechercher quelle influence elle peut avoir sur la translation de la propriété ; mais seulement de quelle utilité elle peut être pour la purge des charges qui grèvent les immeubles. Nous n'examinerons donc pas si le législateur a voulu, dans l'art. 941, consacrer les règles établies par l'ordonnance de 1731 sur l'insinuation des donations, ou bien s'il n'a fait qu'appliquer aux aliénations à titre gratuit le système général de la loi de brumaire an VII sur les aliénations de biens susceptibles d'hypothèques. Nous laisserons de côté toutes les difficultés qui s'élèvent sur la question de savoir quelles sont les personnes qui doivent être considérées comme ayant un intérêt suffisant pour opposer le défaut de transcription. Il nous suffit de constater qu'en ce qui concerne les donations d'immeubles, la transcription est une condition indispensable de l'aliénation; que le donataire qui veut consolider le droit qu'il a reçu de son donateur doit faire transcrire la donation, et que la transcription est dans ce cas complétement indépendante de la purge. Si le donataire veut purger, elle lui sera certainement utile; mais, lors même qu'il ne le voudrait pas, elle n'en serait pas moins nécessaire.

Ce que nous venons de dire des aliénations à titre gratuit doit-il être appliqué aux aliénations à titre onéreux? Nous ne le croyons pas, et nous allons le démontrer en réfutant les arguments sur lesquels on s'est appuyé pour établir que le Code Napoléon ne s'était pas écarté, dans les art. 2181 et 2182, de la législation de l'an VII en ce qui concerne l'utilité de la transcription.

En l'absence d'une disposition formelle qui fît de la transcription la condition des aliénations à titre onéreux comme des aliénations à titre gratuit, on a cherché à induire de différents articles du Code Napoléon la consécration implicite du système de la loi de brumaire an VII.

On a d'abord invoqué la disposition de l'art. 1140 du Code Napoléon. Il est vrai, a-t-on dit, que l'art. 1138 pose en principe que le consentement suffit pour transférer la propriété; mais le législateur a voulu seulement régler les rapports des deux parties; il a abrogé l'ancienne législation, qui ne donnait à l'acheteur qu'une action personnelle contre le vendeur, et ne faisait résulter le transport de propriété que de la tradition. Les auteurs du Code Napoléon, abandonnant les principes romains, ont décidé que, du moment que la convention serait formée entre l'acheteur et le vendeur, celui-ci aurait un droit réel sur la chose vendue et pourrait la revendiquer. Quant à la question de savoir quelles seraient les conditions nécessaires pour que l'aliénation fût parfaite à l'égard des tiers ; elle n'a pas été tranchée par l'art. 1138 ; on peut s'en convaincre facilement en comparant la rédaction définitive de cet article avec la première rédaction qui lui avait été donnée. On lisait dans l'article du projet que dès l'instant que le propriétaire avait contracté, par un acte authentique, que l'obligation de donner ou de livrer un immeuble, il en était exproprié ; que l'aliénation qu'il en faisait postérieurement était nulle. Cette dernière phrase a été supprimée, parce qu'au moment où l'on adoptait l'art. 1138 on ne voulait pas encore se prononcer sur l'effet de la convention de donner à l'égard des tiers. C'est, du reste, ce qui ressort avec bien plus de force encore des art. 1140 et 1141 du Code Napoléon. L'art. 1141 nous fait connaître que, dans le cas où la chose vendue est purement mobilière entre deux acheteurs successifs, celui qui sera préféré sera celui qui aura été mis le premier en possession, pourvu que sa possession soit de bonne foi. Quant à l'art. 1140, il renvoie aux titres de la vente et des hypothèques la décision de la même question à l'égard des ventes d'immeubles, puisqu'on y lit que les effets de l'obligation de donner ou de livrer un immeuble ne seront réglés que lors de la rédaction de ces deux titres.

Si nous nous reportons au titre de la vente, nous ne voyons pas que la question y soit tranchée explicitement ; mais nous y trouvons du moins l'indication de la pensée du législateur. Remarquons, en effet, les termes de l'art. 1583 : « La vente est « parfaite *entre les parties*, et la propriété est acquise de droit à « l'acheteur *à l'égard du vendeur*, dès qu'on est convenu de la « chose et du prix, quoique la chose n'ait pas encore été livrée ni « le prix payé. » Est-ce qu'il ne résulte pas bien évidemment de ces mots : *la vente est parfaite entre les parties*..., la propriété est acquise de droit à l'acheteur *à l'égard du vendeur*, que le égislateur ne se prononce pas encore sur la perfection de la vente à l'égard des tiers; qu'il y aura sur cette matière des règles spéciales et que le consentement des parties ne suffira pas pour enlever au vendeur, à l'égard des tiers, la propriété de la chose vendue. Ainsi, les conclusions que l'on doit tirer des art. 1138, 1140 et 1583 du Code Napoléon, c'est que les auteurs du Code Napoléon, qui n'avaient pas encore adopté formellement le système de la loi de brumaire an VII, annonçaient à l'avance leur prédilection pour ce système et manifestaient l'intention de le consacrer ultérieurement. Ont-ils réalisé cette intention? C'est ce que nous allons voir en expliquant les art. 2181 et 2182.

Il est certain que les deux articles ne reproduisent pas les dispositions de l'art. 26 de la loi de brumaire an VII; il est certain aussi que le projet contenait un article (l'art. 91) où on lisait : « Les actes translatifs de propriété qui n'ont pas été transcrits ne peuvent être opposés aux tiers qui auraient contracté avec le vendeur et qui se seraient conformés aux dispositions de la présente. » Cet article a disparu de la rédaction définitive; mais en doit-on conclure que le conseil d'État n'a pas considéré la transcription comme nécessaire pour consolider les aliénations à l'égard des tiers? Pour répondre à cette question, il faut examiner les délibérations qui ont eu lieu dans le sein de cette assemblée. L'art. 91 fut violemment attaqué par M. Tronchet; il fit ressortir les inconvénients que présentait, suivant lui, le système que l'on proposait; il fit remarquer qu'il pourrait arriver qu'un individu qui a acheté un immeuble depuis vingt ans et qui n'aurait pas fait transcrire serait obligé de le céder à l'acheteur très récent dont le contrat aurait été transcrit. Il ajouta que, comme cette disposition s'appliquerait même aux ventes antérieures à la loi de brumaire, il n'y aurait plus en France une seule propriété dont on ne pût être dépouillé, faute de transcription. Il regardait la transcription comme inutile, puisque celui qui achetait un immeuble pouvait, en consultant les titres de son vendeur, reconnaître facilement s'il était propriétaire du bien qu'il voulait vendre. La transcription, suivant lui, n'avait été placée, comme beaucoup d'autres dispositions, dans la loi de brumaire, que pour l'intérêt du fisc et sans avoir de point d'appui dans les principes de la matière (1). M. Treilhard répondit à M. Tronchet en faisant ressortir les avantages du système de la loi de brumaire et la nécessité de faire connaître d'une manière certaine à ceux qui traitaient avec le possesseur d'un immeuble si cet individu en était propriétaire comme il le prétendait. Il reconnut qu'entre deux acheteurs successifs, celui qui avait fait transcrire son contrat le premier serait préféré à l'autre, même antérieur en date. Mais il établit qu'il n'y avait là aucune injustice. Le consul Cambacérès fit alors remarquer qu'il y avait deux points sur lesquels le projet ne s'expliquait pas assez clairement. Voici ces deux points : 1° Les ventes faites avant la loi du 11 brumaire seront-elles assujetties à la transcription ? 2° la transcription conférera-t-elle la propriété à l'acheteur, même lorsqu'il aura acheté d'un particulier qui n'était pas propriétaire ?

M. Treilhard répondit que la seconde question était tranchée par l'art. 92 du projet, qui était ainsi conçu : « La simple transcription des titres translatifs de propriété sur le registre du conservateur ne purge pas les hypothèques et priviléges établis sur l'immeuble. Il ne passe au nouveau propriétaire qu'avec les droits qui appartiennent au précédent et affecté des mêmes priviléges et hypothèques dont il était chargé. » Néanmoins, le conseil d'État pensa qu'il régnait encore de l'obscurité sur cette question, ainsi que sur la première, et il décida qu'il y avait lieu de modifier la rédaction des deux articles. Le procès-verbal de la séance du 10 ventôse an XII se termine ainsi : « Le conseil adopte en principe : 1° que la disposition de l'article n'est pas applicable aux contrats de vente antérieurs à la loi du 11 brumaire; 2° que la transcription du contrat ne transfère pas à l'a-

(1) Séance du 10 ventôse an XII.

cheteur la propriété, lorsque le vendeur n'était pas propriétaire. Les deux articles sont renvoyés à la section pour les rédiger dans le sens des amendements adoptés. »

Il résulte incontestablement de cette discussion que le conseil d'État avait adopté en principe le système consacré par l'art. 26 de la loi du 11 brumaire an VII. Malgré les efforts de M. Tronchet, on avait reconnu la nécessité de faire transcrire les actes d'aliénation pour les porter à la connaissance des tiers. Deux questions de détail avaient été soulevées; elles avaient été tranchées par le conseil, et il ne s'agissait plus que de rédiger les décisions qui avaient été prises; et pour cela, il était nécessaire de modifier la rédaction des art. 91 et 92; c'est dans ce travail que l'art. 91 a disparu. La suppression d'une disposition aussi formelle a certainement quelque chose de singulier; mais comment admettre que le conseil d'État, qui, le 10 ventôse, avait reconnu la nécessité de la transcription, eût pu, deux jours après, le 12 ventôse, revenir sur sa décision en adoptant la nouvelle rédaction des art. 91 et 92, sans qu'un si grand changement eût soulevé la moindre objection? Comment admettre également que M. Treilhard, qui avait si énergiquement défendu la cause de la transcription au conseil d'État, n'eût pas relevé, dans son discours au Corps législatif, la modification que la nouvelle législation allait apporter au système de la loi de l'an VII sur un point qui intéressait à un si haut degré la propriété foncière? Nous devons donc croire que la modification des termes des art. 91 et 92 des projets n'a pas eu, dans l'esprit du législateur, l'importance qu'on veut lui donner, et que c'est le principe adopté par le conseil d'État, dans sa séance du 10 ventôse, sur lequel reposent les art. 2181 et 2182, C. Nap.; qu'en conséquence, on doit considérer la transcription comme la condition de la validité des aliénations à titre onéreux à l'égard des tiers.

On a vu que les arguments sur lesquels s'appuie le système que nous venons d'exposer reposent sur ces deux idées : 1° que même avant que le législateur ne se fût occupé des art. 2181 et 2182 il avait l'intention de consacrer le système de la loi de l'an VII sur la transcription; 2° qu'il a consacré définitivement ce système dans l'art. 2182. Nous croyons que la première de ces deux idées est juste, et que c'est seulement au moment de la rédaction des art. 2181 et 2182 que l'on décida que la transcription ne serait plus, relativement aux aliénations à titre onéreux, qu'une formalité de la purge. Ainsi, en ce qui concerne la question qui nous occupe, nous n'attacherions aucune importance aux arguments que l'on veut tirer des art. 1138, 1140 et 1583, Code Napoléon. Du reste, il a été répondu à chacun de ces arguments (1), et pour que ce travail soit accompli, nous croyons devoir reproduire ici ces réfutations.

Nos adversaires cherchent d'abord à écarter l'art. 1138 qui ne peut pas être invoqué dans la question, disent-ils, parce qu'il ne règle que les rapports du vendeur avec l'acheteur, et non pas ceux du vendeur avec les tiers, et ils cherchent à démontrer que tel est le sens de cet article en le comparant avec l'article correspondant du projet. Mais ce rapprochement n'établit nullement que la pensée qu'exprime l'art. 1138 soit différente de celle de la première rédaction. Nous voyons dans l'article du projet que « dès l'instant que le propriétaire avait « contracté l'obligation de donner ou de livrer un immeuble, « il en était exproprié........ Or, que dit l'art. 1138? l'obliga- « tion de livrer la chose est parfaite par le seul consentement « des parties contractantes......... Elle rend le créancier pro- « priétaire. » Nous ne retrouvons pas, il est vrai, dans le Code Napoléon cette phrase : « L'aliénation que le propriétaire fait « postérieurement est nulle. » Mais n'est-il pas probable qu'on l'a supprimée comme inutile, attendu qu'elle n'exprimait que la conséquence nécessaire du principe que l'on venait d'établir, à savoir que le seul consentement avait rendu le créancier propriétaire.

(1) M. Persil, art. 2181 et 2182, n° 12.

M. Persil pense que c'est à tort que l'on a cherché dans la disposition de l'art. 1140 un argument pour écarter l'art. 1138 de la discussion. Il croit que l'on s'est mépris sur le sens de l'art. 1140. « Dans l'art. 1140, dit-il, on ne peut pas entendre « par effets de l'obligation de donner ce qui sert à constituer « l'obligation, ce qui est destiné à la parfaire, autrement on « donnerait des effets à une chose qui n'existe pas, à une obli- « gation non encore contractée. Aussi, dans le titre de la vente, « comme dans celui des hypothèques, on ne trouve pas un mot « de cette sorte d'effets. Ainsi, cet art. 1140 ne signifie autre « chose, si ce n'est que le législateur établira aux titres de la « vente et des hypothèques la suite de l'obligation de donner « ou de livrer un immeuble, les charges que le débiteur et le « créancier s'imposent mutuellement, et c'est aussi ce qu'il a « fait dans ces deux titres (art. 1615 et 2182)..... Ces deux « derniers articles expliquent l'art. 1140 et détruisent l'argu- « ment qu'on en voulait tirer. »

Enfin, à l'argument tiré de l'art. 1583 on répond que si cet article dit que la vente est parfaite *entre les parties* et que la propriété est acquise à l'acheteur *à l'égard du vendeur*, il ne faut pas en conclure *a contrario* que le consentemant ne suffise pas pour que la vente soit parfaite à l'égard de ceux qui pourraient contracter postérieurement avec le vendeur. « L'art. 1583, tel « qu'il est conçu, dit M. Persil, signifie que la vente parfaite par « le seul consentement entre le vendeur et l'acheteur ne peut « pas obliger des tiers qui avaient acquis antérieurement des « droits sur l'immeuble; mais vis-à-vis de ceux qui n'avaient « encore aucun droit, l'acquéreur est irrévocablement saisi, « comme il l'aurait été par un testament auquel les tiers n'au- « raient jamais concouru. »

Tels sont les raisonnements sur lesquels on s'est appuyé pour établir qu'il ne résultait pas des art. 1138, 1140 et 1583 que le législateur eût voulu imposer à l'acquéreur d'un immeuble l'obligation de faire transcrire son contrat pour consolider l'aliénation à l'égard des tiers. Cette argumentation est ingénieuse, mais elle nous semble plutôt subtile que fondée sur une saine interprétation de la loi. M. Persil nous semble être tombé dans la faute qu'il reproche à ses adversaires, et nous croyons qu'il a dénaturé le sens des textes qu'il a voulu expliquer. Quant à nous, nous pensons, comme nous l'avons déjà dit plus haut, que les art. 1138, 1140 et 1583, lors même qu'ils auraient le sens que M. Persil refuse de leur donner, ne prouveraient rien dans la question que nous discutons en ce moment. Nous reconnaissons que les auteurs de ces articles pensaient que le système consacré par l'art. 26 de la loi de brumaire an VII passerait dans le Code Napoléon et qu'ils ont fait allusion à cette prévision. Mais nous regardons comme certain que les art. 2181 et 2182 ont apporté un changement complet à cette législation et que, dans l'état actuel du Code Napoléon, le consentement du vendeur et de l'acheteur suffit pour consommer l'aliénation à titre onéreux des immeubles, non seulement entre les parties, mais même à l'égard des tiers. Ce qui le démontre, suivant nous, d'une manière indubitable c'est l'absence de toute disposition analogue à l'art. 26 de la loi de brumaire. Un principe aussi important devait être exposé clairement dans la loi et il est évident que le législateur ne se serait pas contenté d'indiquer d'une manière vague son intention en laissant aux commentateurs le soin de la rechercher et d'établir, par des déductions, les conditions de l'aliénation des immeubles. Il n'existe pas, dans le Code, de texte qui nous dise formellement que les aliénations d'immeubles ne seront parfaites à l'égard des tiers que si le contrat de vente a été transcrit. Concluons-en donc que cette règle n'a pas été consacrée par le législateur. En vain cherche-t-on a établir qu'au moment où les art. 2181 et 2182 furent discutés au conseil d'Etat, le conseil avait admis en principe la nécessité de la transcription, nous répondrons que ce que nous devons considérer, c'est la loi telle qu'elle a été votée et promulguée. Or, la loi, dans son état actuel, nous semble trancher la question. La suppression de l'art. 91 du projet indique évidemment que le principe adopté précédemment avait été abandonné. Il est vrai que les procès-verbaux du conseil d'État ne nous expliquent pas les causes qui ont amené ce résultat; mais nous ne connaissons que les délibérations qui avaient lieu dans les assemblées générales; nous ignorons ce qui se passait dans le sein de la section de législation. Il est possible que, dans ces réunions, M. Tronchet soit parvenu à faire prévaloir l'opinion qui avait été rejetée dans la séance du 10 ventôse an XII, et que la décision de la section générale ait entraîné sans difficulté celle de l'assemblée générale. Dans tous les cas, l'art. 91 a disparu, et des raisonnements, quelque ingénieux qu'ils soient, ne sauraient y suppléer.

Nous verrons plus loin, en expliquant l'article 834 du Code de procédure civile, que cet article a fait disparaître tous les doutes que pouvait soulever cette question.

Nous venons de voir que l'acquéreur d'un immeuble n'était plus obligé de faire transcrire l'acte de vente pour enlever au vendeur la faculté d'aliéner une seconde fois ou d'hypothéquer le bien vendu. Mais la transcription n'était-elle pas au moins nécessaire pour arrêter le cours des inscriptions qui pourraient être prises sur l'immeuble en vertu d'hypothèques consenties antérieurement à la vente? On l'a soutenu, et cette opinion a été consacrée par divers arrêts, que rapporte M. Tarrible (1) en y joignant son approbation. Voici les principaux motifs sur lesquels s'appuie un arrêt de la cour de Turin du 2 octobre 1811 :

1° Le Code Napoléon a décidé que la transcription ne serait plus nécessaire pour consolider à l'égard des tiers les aliénations à titre onéreux; mais il a conservé à la transcriptions les effets que lui avait donnés la loi de brumaire an VII, relativement à la purge, car pour voyons dans l'article 2181 que la transcription est la première formalité de la purge. Pour connaître les effets de la transcription en cette matière, nous devons nous reporter

(1) Répert. de jurisprudence, v° Inscription hypothécaire, n° 8 bis.

à la loi de brumaire an VII. Or nous voyons dans cette loi que la transcription arrêtait le cours des inscriptions. Il doit en être de même sous l'empire du Code Napoléon, sinon la transcription ne serait plus qu'une formalité inutile qui n'aurait été établie que dans un but fiscal, ce que l'on ne saurait admettre.

2° Si les rédacteurs du Code Napoléon avaient voulu que la vente seule, indépendamment de toute transcription, suffit pour arrêter le cours des inscriptions, ils se seraient formellement expliqués à cet égard, car c'était une innovation immense à la législation de l'an VII ;

3° L'article 2198 du Code Napoléon prouve que les créanciers hypothécaires du vendeur peuvent s'inscrire valablement jusqu'à la transcription. En effet, cet article nous dit que l'immeuble sera affranchi entre les mains du tiers détenteur des priviléges et hypothèques qui n'auraient pas été mentionnés sur le certificat que le nouvel acquéreur aura requis du conservateur, pourvu que ce certificat lui ait été délivré *depuis la transcription de son titre.* La conséquence de cet article c'est que les hypothèques qui auront été mentionnées sur ce certificat seront maintenues ; or ce certificat n'ayant été délivré que depuis la transcription, comprendra toutes les inscriptions antérieures à la transcription, même celles qui auraient été prises postérieurement à la vente. Pourquoi les charges qui auront été omises par le conservateur seront-elles considérées comme non existantes à l'égard de l'acquéreur? C'est parce que le tiers détenteur qui ne connaissait pas les créanciers hypothécaires, n'a pu leur faire de notification et les mettre à même de surenchérir. Le tiers acquéreur était dans une erreur légitime dont il ne devait pas supporter les conséquences. Or, il ne pouvait en être ainsi, que si le certificat avait été délivré à une époque où la liste des inscriptions était définitivement close. La loi nous a indiqué cette époque, elle est fixée par la transcription ;

4° L'article 2182 porte que le vendeur transmet l'immeuble à l'acquéreur sous l'affectation des mêmes priviléges et hypothèques dont il était chargé, cela doit s'entendre des hypothèques et priviléges non inscrits, car si cette disposition ne s'appliquait qu'aux priviléges et hypothèques inscrites, l'art. 2182 ferait double emploi avec l'art. 2166, qui avait déjà dit que les créanciers ayant privilége ou hypothèque inscrite sur un immeuble le suivraient en quelques mains qu'il passât.

De tous ces arguments, un seul peut présenter quelque difficulté. C'est celui qui est tiré de l'art. 2198, Code Napoléon; quant aux autres ils reposent sur une fausse interprétation du système adopté par le Code Napoléon. C'est une erreur de croire que pour connaitre le sens des art. 2181 et 2182, il faille se reporter à la loi de brumaire. Nous venons de voir que le législateur de 1804 avait complétement abandonné le principe fondamental écrit dans l'art. 26 de la loi de brumaire. Il s'était expliqué fort clairement à cet égard en supprimant l'art. 91 du projet. Ainsi, il est constant qu'à partir de la vente le vendeur a perdu le droit de concéder de nouvelles hypothèques sur l'immeuble vendu. La vente saisissait définitivement l'acheteur de l'immeuble, d'où la conséquence que c'était à cette époque que l'état de l'immeuble était fixé irrévocablement et qu'il ne pouvait plus apparaître postérieurement de nouvelles charges.

Mais, dit-on, si la transcription n'arrête pas le cours des inscriptions, quelle utilité a-t-elle? En quoi peut-elle concourir à la purge de l'immeuble? Est-ce que les notifications que l'on adresse aux créanciers ne suffisent pas pour leur fournir tous les renseignements nécessaires? On est tenté de croire que la transcription n'a été conservée que dans un but fiscal, ce qui cependant est difficile à admettre.

Nous répondrons que les notifications prescrites par l'art. 2183 ne fourniront pas toujours aux créanciers des renseignements suffisants (1). Le tiers acquéreur n'est tenu, aux termes de cet article, de notifier aux créanciers « qu'un extrait de son titre,

---

(1) Répert. de jurisprudence, v° Transcription, § 2.

« contenant seulement la date et la qualité de l'acte, le nom et « la désignation précise du vendeur ou du donateur, la nature « et la situation de la chose vendue ou donnée, et s'il s'agit d'un « corps de biens, la dénomination générale seulement du domaine « et des arrondissements dans lesquels il est situé, le prix et les « charges faisant partie du prix de la vente ou l'évaluation de la « chose, si elle a été donnée. » Il est évident qu'il y aura bien des circonstances où les créanciers ne pourront savoir si le prix stipulé est en rapport avec la valeur de la chose vendue qu'en prenant connaissance de toutes les clauses du contrat de vente. Ils trouveront dans ce contrat des renseignements sur l'état de la chose vendue et sur les causes qui ont pu en amener la dépréciation momentanée. Ils pourront découvrir quelque clause qui leur expliquera pourquoi le prix qui leur est offert est inférieur à la valeur réelle de l'immeuble. En un mot, la publication du contrat de vente est le seul moyen de garantir les intérêts des créanciers hypothécaires en écartant toutes les fraudes dont ils pourraient être victimes. On voit, par conséquent, combien il serait inexact de dire que cette formalité n'avait été conservée, par le Code Napoléon, que dans l'intérêt du trésor public.

On prétend que ces mots de l'art. 2182 *le vendeur transmet l'immeuble à l'acquéreur sous l'affectation des priviléges et hypothèques dont il est affecté* doivent évidemment s'appliquer aux hypothèques non inscrites; parce que cet article ne peut répéter ce qui a déjà été dit dans l'art. 2166. Nous ne pouvons pas croire que si le législateur avait voulu autoriser l'inscription des hypothèques jusqu'à la transcription de l'acte de vente, il ne se fût pas expliqué plus clairement. D'ailleurs, il n'y a rien de bien extraordinaire à voir répéter dans l'article 2182 une règle établie précédemment dans l'art. 2166.

Reste à écarter l'argument tiré de l'art. 2198, et à expliquer pourquoi les hypothèques omises dans le certificat du conservateur ne sont éteintes à l'égard du tiers détenteur que dans le cas ou le certificat a été requis après la transcription. Cet article est la reproduction de l'art. 53 de la loi de brumaire. Or, on peut penser qu'il avait été inséré dans le projet de Code au moment où l'on croyait encore que le système de la législation de brumaire sur la transcription des actes d'aliénation serait adopté par le Code Napoléon. C'est par suite d'un oubli qu'on a laissé subsister l'ancienne rédaction, qui n'était plus en harmonie avec les principes consacrés par les articles 2181 et 2182.

On voit que les arguments invoqués par la Cour de Turin, ne pourraient prévaloir contre les dispositions formelles des articles 2166 et 2167 du Code Napoléon : « Les créanciers ayant « privilége ou hypothèque *inscrite* sur un immeuble, nous dit l'ar- « ticle 2166, le suivent en quelques mains qu'il passe...... Si le « tiers détenteur ne remplit pas les formalités qui seront ci-après « établies pour purger la propriété, porte l'art. 2167, il demeure « *par l'effet seul des inscriptions*, obligé comme détenteur. » .... Telles sont les règles que nous trouvons au siège de la matière dans le chapitre qui traite de l'effet des priviléges et hypothèques contre les tiers détenteurs. En présence des termes si clairs de ces articles, aucun doute n'est possible ; évidemment l'inscription est indispensable pour conserver le droit de suite.

Nous verrons plus loin les changements qui ont été introduits en cette matière par l'art. 834 du Code de proc. civ.

Nous venons d'établir que sous l'empire du Code Napoléon, la transcription n'était plus nécessaire pour consolider les aliénations, soit à l'égard des tiers acquéreurs, soit à l'égard des créanciers hypothécaires, que les articles 2181 et 2182 en avaient fait seulement le premier acte de la purge. Nous avons expliqué en même temps comment elle concourait à la purge et quelle était son utilité en cette matière. Nous allons examiner maintenant quelles sont les conditions de cette transcription, dans quel délai elle doit être requise et quels sont les actes qui doivent être transcrits.

Les articles 2181 et 2200 nous indiquent comment se fait la

transcription. Le tiers acquéreur remet au conservateur une expédition de l'acte qui doit être transcrit. Le conservateur mentionne cette remise sur un registre spécial à la date du jour où elle a été faite et en donne reconnaissance au requérant. Puis il transcrit à la même date l'acte qui a été déposé entre ses mains sur le registre des transcriptions. Lorsque cette formalité a été remplie, il en donne reconnaissance au requérant.

Le registre du conservateur ne doit pas contenir seulement un extrait de l'acte d'aliénation, il doit le reproduire *en entier*, nous dit l'art. 2181. Les explications que nous avons données plus haut, sur l'utilité de la transcription relativement à la purge, font comprendre suffisamment pourquoi le législateur a voulu que l'acte d'aliénation fût transcrit en entier.

Cette disposition a soulevé quelques difficultés ; on s'est demandé si, dans le cas où le même acte contenait plusieurs aliénations, il fallait faire transcrire l'acte tout entier, ou bien si la transcription des clauses relatives à chaque aliénation ne pourrait pas être considérée comme suffisante. Il peut se présenter plusieurs cas. Supposons, par exemple, que Titius ait vendu son immeuble A à Primus et à Secundus, chacun pour moitié. Dans cette hypothèse le doute n'est pas possible. Les clauses du contrat qui concernent Primus sont intimément liées à celles qui intéressent Secundus. Ainsi, si Primus veut purger, il devra indubitablement faire transcrire l'acte tout entier.

Mais supposons que Titius ait vendu par le même acte son fonds A à Primus et son fonds B à Secundus. Primus seul veut purger. Ne peut-il pas dire qu'il y a en réalité deux aliénations et deux contrats qui ne sont réunis qu'en apparence, mais qui, en réalité sont distincts l'un de l'autre? C'est ce que pense M. Troplong (1). Suivant lui, il ne faut pas s'attacher exclusivement à ces mots de l'art. 2181 : l'acte doit être transcrit *en entier*. Il faut entendre cette disposition dans un sens raison-

---

(1) Privil. et hypoth., t. 4, n° 911.

nable et ne pas exiger la transcription d'une portion d'acte qui n'intéresse pas celui qui veut purger.

Nous croyons que dans cette hypothèse il est beaucoup plus sûr de s'en tenir rigoureusement au texte de la loi ; car, il est fort possible que la première aliénation ne soit pas indépendante de la seconde ; que Titius se soit contenté d'un prix minime pour le fonds A, parce qu'il était largement payé du fonds B. Il faut que les créanciers hypothécaires puissent, comme nous l'avons déjà dit, connaître toutes les clauses de l'aliénation et ce but ne peut être atteint que si on porte à leur connaissance l'acte tout entier.

Ce que nous venons de dire s'applique également dans le cas où deux immeubles séparés ont été vendus au même acheteur.

Mais la transcription qui a été requise par l'un des acquéreurs pourra-t-elle servir à l'autre acquéreur pour purger l'immeuble, ou la part d'immeuble qui lui revient ? On décide généralement l'affirmative. En effet, le but que se proposait le législateur a été atteint. Le contrat de vente a été rendu public et il est inutile de faire une nouvelle transcription. On ne voit nulle part que la transcription ne profitera qu'à celui qui l'a requise. L'art. 2108 nous dit, au contraire, que la transcription requise par l'acquéreur conservera le privilége de l'acheteur (1).

Mais il est bien entendu que cette transcription ne pourra servir qu'à la purge des immeubles situés dans la circonscription du bureau où elle a été prise.

Nous donnerons la même décision dans le cas d'échange. Si l'un des coéchangistes a fait transcrire le contrat pour purger l'immeuble qu'il a reçu, l'autre coéchangiste ne devra pas requérir une nouvelle transcription pour purger l'immeuble qu'il a acquis si ces deux fonds sont situés dans le même arrondissement.

---

(1) M. Persil, Régime hypothécaire, t. 2, art. 2181 et 2182, n° 16.

Une décision du grand juge et du ministre des finances des 17 et 28 mars 1809 porte que celui des acquéreurs qui requiert la transcription doit acquitter la totalité des droits et que celui qui profite de la transcription doit lui rembourser une part proportionnelle de ces droits. On sait que la loi du 28 avril 1816 a décidé que les droits de transcription seraient payés en même temps que les droits d'enregistrement. Cette disposition n'apporte aucun obstacle à l'application de la décision que nous venons de citer.

La loi ne détermine pas de délai fixe dans lequel l'acquéreur soit tenu de faire transcrire.

Voici seulement ce que nous trouvons dans l'art. 2183 : « Si « le nouveau propriétaire veut se garantir de l'effet des pour- « suites autorisées dans le chap. VI du présent titre, il est tenu, « soit avant les poursuites, soit dans le mois au plus tard à « compter de la première sommation qui lui est faite, de noti- « fier aux créanciers, aux domiciles par eux élus dans leurs « inscriptions : 1° extrait de son titre. . . . . . ; 2° extrait de la « transcription de l'acte de vente. . . . . . . » Cet article détermine implicitement le délai pendant lequel la transcription peut être requise. Elle doit précéder la notification qui doit être adressée aux créanciers, au plus tard dans le mois de la première sommation adressée au tiers détenteur. On peut, par conséquent, faire transcrire l'acte de vente le dernier jour du délai, quelques heures avant les sommations.

Nous arrivons à des questions beaucoup plus graves. Nous allons examiner quels sont les actes qui doivent être transcrits.

La faculté de purger n'appartient qu'aux tiers détenteurs, c'est-à-dire aux possesseurs de l'immeuble, qui ne sont pas obligés personnellement au payement de la dette hypothécaire. Ainsi, les héritiers, les successeurs irréguliers, les légataires universels ne peuvent purger. On ne peut donc transcrire que les actes d'aliénation qui ont transmis l'immeuble à un individu qui ne succède pas aux obligations personnelles du précédent propriétaire, et qui peut, en délaissant l'immeuble, se soustraire aux poursuites des créanciers hypothécaires. Ainsi, l'acheteur, l'échangiste, le donataire, peuvent faire transcrire les contrats qui les ont rendus propriétaires; nous avons même vu qu'à l'égard du donataire, la transcription a des effets particuliers. L'art. 2181 ne parlant que des *contrats*, on aurait pu croire que le légataire particulier ne pourrait pas faire transcrire le testament qui lui a conféré ses droits sur l'immeuble légué. Mais il est évident que c'est par suite d'une erreur de rédaction que l'on a employé le mot contrat au lieu du mot acte, ou plutôt que la loi a statué *de eo quod plerumque fit*. Le légataire particulier n'est pas tenu personnellement des dettes du testateur; c'est un tiers détenteur dans toute l'acception du terme, et on ne voit pas pourquoi il ne pourrait pas purger.

On s'est demandé si l'héritier qui avait acquitté sa part de la dette pouvait purger. Nous pensons qu'il ne le peut pas. En effet, l'héritier succède à toutes les obligations dont était tenu le débiteur qui a constitué l'hypothèque; or, celui-ci était tenu non-seulement de payer la dette, parce qu'il était débiteur, mais encore de respecter l'hypothèque qu'il avait constituée. L'héritier, en payant sa part de la dette, s'est libéré de la première obligation; mais il est encore tenu de la seconde. Ce qui prouve que celui qui a constitué une hypothèque est tenu spécialement de respecter les droits du créancier hypothécaire, et ne peut pas y porter atteinte, c'est que celui qui a hypothéqué son immeuble pour la dette d'autrui ne peut pas purger. En effet, la loi n'accorde la faculté de purger qu'aux tiers détenteurs. Or, celui qui a constitué l'hypothèque ne peut pas être considéré comme un tiers détenteur, donc il ne peut pas purger, et s'il ne le peut pas, c'est que la loi admet en principe que tout individu qui a constitué une hypothèque doit la respecter.

L'héritier qui a payé sa part de la dette se trouve, suivant nous, dans une position analogue à celle du propriétaire qui a hypothéqué son bien pour la dette d'autrui. Il n'est plus tenu personnellement, mais il est obligé de respecter l'hypothèque, parce que c'est là une des obligations de celui à qui il a succédé.

Mais n'existe-t-il pas certains cas où la transcription est inutile, parce que le mode d'aliénation en vertu duquel le tiers détenteur est devenu propriétaire, a purgé l'immeuble des charges dont il était grevé? Ne doit-on pas admettre, notamment, que l'adjudicataire sur expropriation forcée n'a pas besoin de faire transcrire le jugement d'expropriation? Nous allons examiner cette question.

La loi du 11 brumaire an VII, sur les expropriations forcées (art. 22), exigeait formellement la transcription des jugements d'adjudication, et elle ajoutait que, tant que cette formalité n'aurait pas été remplie, l'adjudicataire ne pourrait pas se faire mettre en possession de l'immeuble; que, de plus, s'il n'avait pas requis la transcription dans le délai d'un mois, les créanciers pourraient faire procéder contre lui, et à sa folle enchère, à la revente et à l'adjudication des biens expropriés. Cette disposition n'a pas été reproduite dans la législation qui nous régit actuellement. Nous voyons au contraire, dans l'art. 713 du Code de procédure civile, que l'adjudicataire pourra se faire délivrer le jugement d'adjudication dès qu'il aura rapporté au greffier la quittance des frais ordinaires de poursuite, et la preuve qu'il a satisfait aux conditions du cahier des charges, qui doivent être exécutées avant cette délivrance. On voit qu'il n'est nullement question de la transcription. L'art. 733 n'indique qu'un seul cas où la folle enchère puisse être requise, c'est le cas où l'adjudicataire n'aura pas exécuté les clauses de l'adjudication. On ne dit pas qu'il en sera de même dans le cas où il n'aurait pas fait transcrire le jugement d'adjudication dans un délai déterminé. On peut donc regarder comme certain que le législateur a abandonné la règle qui était énoncée dans l'art. 22 de la loi de brumaire, sur les expropriations forcées.

D'ailleurs, quelle utilité y aurait-il à faire transcrire le jugement d'expropriation forcée? Serait-ce pour avertir les créanciers hypothécaires inscrits sur l'immeuble exproprié? Mais ils ont déjà été informés de la vente qui allait avoir lieu. La saisie a été transcrite (art. 678 du C. de proc. civ.). Le cahier des charges a été déposé au greffe (art. 690), et les créanciers ont été sommés d'en prendre connaissance (art. 692). Ainsi, les créanciers ont connu en temps utile que le propriétaire de l'immeuble allait être dépossédé, et ils ont connu les conditions auxquelles la vente allait se faire.

Peut-on dire que la transcription est nécessaire pour mettre les créanciers non inscrits en demeure de prendre inscription dans le délai de quinzaine, conformément à l'art. 834 du C. de proc. civ.? Nous répondrons que l'art. 834 n'est pas applicable dans le cas où il y a eu vente sur expropriation forcée. Il est placé, dans le titre de la surenchère, sur aliénation volontaire; et d'ailleurs il résulte des termes de cet article qu'il n'a été conçu qu'en vue de cette dernière sorte d'aliénation.

Toutes les précautions ont été prises pour que l'immeuble fût vendu à sa juste valeur. La vente a été précédée de nombreuses publications; elle s'est faite aux enchères. Les créanciers hypothécaires inscrits, qui avaient été spécialement avertis, ont pu venir prendre part aux enchères, et faire en sorte que le prix fût aussi élevé que possible. Il est donc à peu près certain que s'il y avait de nouvelles enchères, ce résultat n'en serait pas plus avantageux pour les créanciers. D'ailleurs, même après l'adjudication, ils ont encore une dernière ressource qui leur est offerte par l'art. 708 du C. de proc. civ. Nous voyons, en effet, dans cet article, que toute personne peut, dans les huit jours qui suivront l'adjudication, faire une surenchère, pourvu qu'elle soit du sixième au moins du prix principal de la vente.

Enfin, nous invoquerons ici les dispositions des art. 749 et 775, C. proc. civ.

L'art. 749 est ainsi conçu : « Dans le mois de la signification « du jugement d'adjudication, s'il n'est pas attaqué; en cas d'ap-

« pel dans le mois de la signification du jugement confirmatif, « les créanciers et la partie saisie seront tenus de se régler entre « eux sur la distribution du prix. » Il résulte évidemment de cet article que l'art. 834, C. pr. civ. n'est pas applicable en cas de vente sur expropriation forcée. Car si le jugement d'adjudication avait dû être transcrit, et si les créanciers avait pu s'inscrire jusqu'à l'expiration de la quinzaine qui suit cette transcription, il est évident que c'est seulement à partir de l'expiration de cette quinzaine que l'on eût fait courir le délai établi par l'art. 749, C. pr. civ.

Quant à l'art. 775, C. pr. civ., voici en quels termes il est conçu : « En cas d'aliénation, *autre que celle par expropriation*, l'ordre « ne pourra être provoqué s'il n'y a plus de trois créanciers ins- « crits, et il le sera par le créancier le plus diligent ou l'acquéreur « après l'expiration des trente jours qui suivront les délais pres- « crits par les articles 2185 et 2194 du code Napoléon. » Pourquoi en cas d'expropriation forcée n'attend-on pas pour ouvrir l'ordre qu'il se soit écoulé 30 jours depuis l'expiration du délai pendant lequel les créanciers hypothécaires ordinaires pouvaient surenchérir et de celui qui était accordé aux mineurs où à la femme mariée pour prendre inscription? C'est évidemment parce qu'après l'expropriation forcée les créanciers hypothécaires ordinaires ne peuvent plus surenchérir, le mineur et la femme ne peuvent plus s'inscrire, attendu que l'expropriation forcée a purgé l'immeuble de toutes les charges dont il était grevé.

Ces considérations nous portent donc à penser qu'il n'est pas nécessaire de faire transcrire les jugements d'adjudication sur expropriations forcées. Cette opinion est généralement adoptée par les auteurs. M. Persil fait cependant remarquer que dans la pratique on regarde encore la transcription comme étant de rigueur et que l'on admet les créanciers à s'inscrire jusqu'à l'expiration de la quinzaine de cette transcription.

La décision que nous venons de donner relativement aux

ventes sur expropriation forcée est-elle applicable aux autres ventes qui se font en justice et aux enchères publiques?

Les ventes comprises dans cette catégorie sont celles : 1° des immeubles des mineurs (art. 459, C. Nap.) et des interdits (art. 509, C. Nap.); 2° des immeubles dotaux (art. 1558, C. Nap.); 3° des immeubles qu'on licite (art. 972, C. pr. civ.); 4° des immeubles dépendant d'une succession accepté sous bénéfice d'inventaire (art. 806, C. Nap, et C. de pr. civ.); 5° des immeubles qui font partie d'une succession vacante (art. 814, C. Nap. et 1001, C. de pr. civ.); 6° des immeubles appartenant à un failli (art. 572, C. de commerce); 7° ceux qui appartiennent à un débiteur qui a fait cession de biens (art. 1268, C. Nap. et 904, C. de pr. civ.); 8° enfin ceux qui ont été originairement saisis par expropriation forcée, mais dont la saisie a été abandonnée et convertie en vente judiciaire, conformément à l'art. 743 du C. de pr. civ.

On pourrait croire que ces ventes, comme celles qui sont la suite de la saisie immobilière, doivent purger l'immeuble des charges dont il est grevé, et que par conséquent la transcription en serait inutile. En effet ces ventes sont accompagnées d'une grande publicité. Elles sont annoncées par des affiches, le cahier des charges est déposé au greffe du tribunal et tous ceux qui désireraient se porter enchérisseurs peuvent en prendre connaissance. L'adjudication se fait aux enchères publiques. Tout le monde est admis à y prendre part. Ne semble-t-il pas que toutes ces précautions ont été prises pour que l'immeuble fût vendu à sa juste valeur et qu'il est inutile de mettre les créanciers en demeure de demander qu'il soit remis aux enchères parce qu'il est presque certain qu'on ne peut pas offrir un prix plus élevé que celui qui a été fixé par l'adjudication?

Nous n'hésitons pas à déclarer qu'une semblable conclusion serait complétement fausse à l'égard des biens compris dans les cinq premières classes que nous avons distinguées, c'est-à-dire, des biens des mineurs et des interdits, des biens dotaux, des biens vendus sur licitation, de ceux qui dépendent d'une succession acceptée sous bénéfice d'inventaire ou d'une succession vacante. Pour le démontrer nous allons comparer la procédure de ces ventes avec celle qui précède les ventes sur expropriation forcée.

On doit d'abord remarquer que les diverses personnes qui requièrent ces ventes, le tuteur, l'héritier bénéficiaire, etc., n'ont pas de contradicteurs, tandis que le créancier poursuit l'expropriation contre le débiteur; c'est donc une garantie de moins pour les ventes des biens des mineurs, des successions acceptées sous bénéfice d'inventaire, etc... En outre cela nous indique que les formalités que la loi a exigées n'ont été établies que dans l'intérêt des vendeurs et non pas dans l'intérêt des créanciers, qui ont un droit réel sur l'immeuble vendu. A l'égard de ces créanciers la vente est une aliénation volontaire tout comme une vente à l'amiable.

Mais il est une autre considération qui nous porte à croire que ces ventes publiques ne peuvent dispenser l'acquéreur de faire transcrire son acte d'acquisition, c'est qu'elles n'ont pas été dénoncées à l'avance aux créanciers hypothécaires. Il serait évidemment injuste de proclamer l'extinction des droits de ces créanciers, s'ils n'ont pas été mis en demeure de surveiller la vente de l'immeuble, et de veiller à ce qu'il soit vendu aux meilleures conditions possibles. Or, nous avons fait remarquer qu'il en est ainsi dans les ventes sur expropriation forcée. La saisie est transcrite, et on adresse à chacun des créanciers inscrits une notification qui l'informe de la saisie et le met à même de prendre connaissance des conditions suivant lesquelles la vente aura lieu, de fournir ses dires et observations, et d'assister à la fixation du jour de l'adjudication (691 et 692, C. pr. civ.). Le créancier hypothécaire est donc suffisamment averti, et s'il n'a pas concouru à la vente, c'est qu'il a pensé que l'on avait tiré de l'immeuble le parti le plus avantageux. Nous sommes absolument dans la même situation que dans le cas où le créancier hypothécaire auquel un tiers acquéreur a adressé les notifications prescrites par l'art. 2183, C. Nap., a renoncé au droit de surenchérir. Mais il en est tout autrement dans les ventes de biens des mineurs, des interdits, etc. Il n'y a ni transcription ni notification adressée aux créanciers. Il est vrai que la vente a été annoncée par un acte public, par un jugement. Mais nous ferons remarquer d'abord, que ce jugement a été rendu par le tribunal du domicile des mineurs, du lieu où s'est ouverte la succession, etc. Or, il est fort possible que ce ne soit pas le tribunal de l'arrondissement où sont situés les immeubles ; en second lieu, lors même que ce tribunal serait celui de la situation des biens, la publicité ne serait pas suffisante à l'égard des créanciers hypothécaires. En effet, ce n'est pas au tribunal que doivent être déposés les actes relatifs à la conservation ou à l'extinction des priviléges et des hypothèques ; la loi a établi un dépôt spécial pour ces actes, c'est le bureau du conservateur des hypothèques ; c'est là que s'adressent toutes les personnes intéressées, et notamment les créanciers hypothécaires et privilégiés, pour obtenir tous les renseignements qui leur sont nécessaires.

Mais, dira-t-on peut-être, qu'importe que les créanciers hypothécaires n'aient pas pris part à l'adjudication ? Les enchères ont été publiques, tous ceux qui désiraient acheter l'immeuble ont pu y assister, et la concurrence qui s'est établie entre eux est une garantie suffisante du résultat que l'on a obtenu. On peut croire qu'il a été aussi avantageux que possible. Nous répondons que la présence des créanciers hypothécaires était indispensable pour assurer le succès de la vente. Les amateurs qui sont venus surenchérir désiraient surtout faire une bonne affaire en achetant l'immeuble à des conditions qui leur permissent de retirer quelque profit de cette opération. Il est donc très probable qu'ils se sont gardés d'offrir un prix qui atteignît la valeur réelle de l'immeuble. Au contraire, les créanciers hypothécaires cherchent plutôt à perdre le moins possible sur le montant de ce qui leur est dû, et il arrivera fréquemment qu'un créancier hypothécaire qui ne viendrait pas en ordre utile si l'immeuble était vendu au prix offert par les autres enchérisseurs, fera un sacrifice et aimera mieux avoir l'immeuble en l'achetant un peu cher, que de perdre l'intégralité de sa créance.

Enfin, il est évident que ces ventes ne sont que des ventes volontaires. Par conséquent on ne peut pas soutenir qu'elles ont purgé l'immeuble en s'appuyant sur les arguments que nous avons tirés précédemment des art. 749 et 775, C. pr. civ., pour établir que les jugements d'adjudication sur expropriation forcée ne doivent pas être transcrits; car il résulte des termes mêmes de ces articles que les dispositions que nous avons invoquées ne sont applicables qu'en cas de ventes sur expropriation. D'autre part, puisque ces ventes sont volontaires elles tombent sous l'application de l'art. 834, C. pr. civ.

Mais que déciderons-nous à l'égard des ventes des biens d'un failli, des ventes des biens du débiteur qui a fait cession de biens, et des ventes qui ont eu lieu par suite de la conversion d'une vente forcée en une vente volontaire.

Examinons d'abord la question relativement à la vente des biens d'un failli. Il est évident que ces ventes ne sont pas des ventes volontaires. Par leur caractère intrinsèque, elles ont évidemment la plus grande analogie avec les ventes sur expropriation forcée. Il est vrai que l'art. 572 du Code de com. nous dit qu'elles se feront suivant les formes prescrites pour la vente des biens des mineurs. Mais ce n'est pas une raison pour décider qu'elles n'auront pas d'autre effet que les ventes des biens des mineurs, et par suite qu'elles ne purgeront pas les biens des hypothèques dont ils étaient grevés. Le principal motif qui nous a déterminé à croire que les ventes des biens des mineurs n'avaient pas opéré la purge, c'est qu'elles n'avaient pas été précédées d'avertissements adressés aux créanciers hypothécaires. Mais dans le cas de vente des biens d'un failli cette raison disparaît, car les créanciers hypothécaires, comme tous les autres créanciers du failli, ont été avertis en vertu de l'art. 462, Code de com. D'ailleurs, après l'adjudication les créanciers hypothécaires auront, comme toute autre personne, le droit de surenchérir et la surenchère peut n'être que du dixième du prix d'adjudication (573, C. de com.). On doit remarquer que le taux de cette surenchère est le même que celui qui est fixé par l'art. 2185, C. Nap., tandis que dans les cas de vente des biens d'un mineur, la surenchère doit être d'un sixième (art. 965, C. pr. civ.). En résumé, il nous semble qu'à raison du caractère de la vente des biens d'un failli, qui se rapproche beaucoup de la vente sur expropriation forcée, et en outre des précautions qui ont été prises pour protéger les intérêts des créanciers hypothécaires dans cette vente, on doit déclarer qu'il serait inutile d'exiger, après l'adjudication, que l'acquéreur remplit les formalités de la purge. Nous croyons pouvoir étendre à cette vente ce que l'art. 775, C. pr. civ. nous dit de la vente sur expropriation forcée.

Nous appliquerons la même décision à la vente des biens d'un débiteur qui a fait cession de biens. C'est encore une vente forcée à laquelle s'applique l'art. 775, C. pr. civ.

Quant à la vente sur conversion d'une saisie, nous déciderons autrement, puisque cette vente a perdu son caractère de vente forcée et est devenue une véritable vente volontaire. Si, cependant, la conversion avait été précédée des sommations adressées aux créanciers inscrits, conformément à l'art. 692, C. pr. civ., comme dans ce cas les créanciers auraient été mis en demeure de surenchérir, on peut admettre que la purge serait opérée par l'adjudication.

Que doit-on décider relativement à l'adjudication qui a eu lieu à la suite de surenchère sur aliénation volontaire? Les explications que nous avons données facilitent beaucoup la solution de cette question et l'on doit pressentir l'opinion que nous adopterons. A quoi servirait la transcription en pareil cas? Il y a déjà eu une première transcription, chaque créancier a été averti et a pu prendre part aux enchères. Dans quel but provoquerait-on une nouvelle vente de l'immeuble, et d'ailleurs quelle est la disposition du Code Napoléon ou du Code de procédure civile qui prévoit l'existence de ces deux procédures consécutives destinées à purger le même immeuble des mêmes hypothèques? En conséquence, nous n'hésitons pas à penser que le jugement d'adjudication sur surenchère volontaire ne doit pas être transcrit. Pour détruire tous les doutes qui pourraient subsister en cette matière, nous réfuterons les deux principaux arguments sur lesquels s'appuie l'opinion contraire et dont on ne saurait contester l'importance.

On dit d'abord que la transcription faite par l'acquéreur pour purger ne peut profiter à l'adjudicataire, parce que, par l'effet de l'adjudication, la première vente a été résolue, et que tous les actes qui s'y rattachaient, et notamment la transcription, sont réputés non avenus et n'ont pu produire aucun effet.

Nous répondons que cet argument pèche par la base, et que c'est une erreur de croire que, dans le cas où, par suite de la surenchère d'un des créanciers hypothécaires, l'immeuble a été mis en vente et adjugé à un tiers, on doive considérer la première vente comme non avenue. Peut-on soutenir que la vente a été résolue, quand on voit que, dans le cas où le tiers détenteur a délaissé l'immeuble, la vente n'en est pas moins considérée comme ayant existé et ayant produit des effets fort importants, puisque nous voyons dans l'art. 2177, C. Nap., que les créanciers personnels de l'acquéreur qui a délaissé exercent leur hypothèque, à leur rang, sur le bien adjugé, après tous ceux qui sont inscrits sur les précédents propriétaires? Il est évident qu'il n'y avait même raison de déclarer la vente non avenue dans le cas où le tiers détenteur délaisse l'immeuble, que dans le cas où il entame la procédure de la purge. Par conséquent, si, dans le cas de délaissement, la loi nous dit formellement que la vente n'est pas résolue, concluons-en qu'elle ne l'est pas lorsque le tiers détenteur a voulu purger.

Le second argument est tiré de l'art. 2189, C. Nap., qui est ainsi conçu : « L'acquéreur ou le donataire qui conserve l'immeuble mis aux enchères, en se rendant dernier enchérisseur, n'est pas tenu de faire transcrire le jugement d'adjudication. » On a conclu *a contrario* de cet article, que les adjudicataires, autres que l'acquéreur ou le donataire qui avait voulu purger, étaient tenus de faire transcrire le jugement d'adjudication.

On sait combien il faut se défier de ces sortes de raisonnements, qui conduisent le plus souvent à des résultats en opposition avec la pensée du législateur. Nous croyons que l'art. 2189 ne fait qu'appliquer à un cas particulier la règle générale sur les effets de l'adjudication sur surenchère volontaire, et voici comment nous expliquons la rédaction de cet article : La loi du 11 brumaire an VII sur les expropriations forcées exigeait, ainsi que nous l'avons dit plus haut, la transcription du jugement d'adjudication sur expropriation forcée, et par voie de conséquence, celle du jugement d'adjudication sur surenchère volontaire. Les rédacteurs du Code Napoléon ne savaient pas si cette règle passerait dans le Code de procédure civile, dont on ne s'occupa que postérieurement ; mais, dans tous les cas et quelle que fût la décision que l'on prendrait plus tard relativement aux autres adjudicataires, ils établirent en principe que l'acquéreur ou le donataire qui se seraient rendus enchérisseurs ne seraient pas obligés de faire transcrire. Nous savons que le Code de procédure n'a pas reproduit les dispositions de l'art. 22 de la loi du 11 brumaire an VII (1). On voit donc que c'est avec raison que nous disions que l'art. 2189 n'était pas une exception à la règle générale.

Dans le cas de plusieurs ventes successives, le dernier acquéreur qui veut purger l'immeuble de tous les priviléges et hypothèques dont il est grevé, doit-il faire transcrire tous les contrats de vente antérieurs qui ne l'ont pas encore été, ou bien

(1) M. Tarrible, Répert. de jurispr., v° Transcription, § 6, n° 3.

peut-il ne faire transcrire que son propre contrat d'acquisition? Cette question a donné naissance à trois systèmes que nous allons exposer et discuter successivement.

D'après M. Tarrible (1), le dernier acquéreur doit faire transcrire tous les contrats de vente antérieurs. Voici l'espèce posée par cet auteur : Arthur possède un domaine grevé d'une dette hypothécaire inscrite sur sa tête; il le vend à Bonnard, qui ne fait pas transcrire son contrat; Bonnard confère de nouvelles hypothèques sur ce bien et le vend ensuite à Cléon. Cléon veut purger. Pour arriver à ce résultat, il devra faire transcrire d'abord son propre contrat d'acquisition, puis celui de Bonnard, « 1° parce que, suivant l'art. 2181, C. Nap., les contrats translatifs de la propriété d'immeubles que les tiers détenteurs veulent purger de priviléges et hypothèques doivent être transcrits « en entier, et que, relativement aux intérêts des créanciers « d'Arthur, premier vendeur, les contrats translatifs de la propriété de l'immeuble greyé sont la vente consentie par Arthur « en faveur de Bonnard, et celle consentie par Bonnard en faveur de Cléon; 2° parce que Cléon ayant reçu de Bonnard « l'immeuble avec les charges dont il était grevé dans la main « de ce dernier, doit faire, pour purger les premières hypothèques, tout ce que Bonnard aurait dû faire, et conséquemment « transcrire le contrat de vente consenti par Arthur en faveur « de Bonnard; 3° parce que ce n'est que dans ce contrat que « les créanciers d'Arthur peuvent reconnaître que l'immeuble « sur lequel est établie leur hypothèque a été aliéné par leur « débiteur. »

M. Duranton, s'appuyant sur un arrêt de la Cour de cassation du 13 décembre 1813, décide, au contraire, que la transcription du dernier contrat de vente suffit, soit pour commencer la purge des hypothèques inscrites, soit pour faire courir le délai de quinzaine pendant lequel les créanciers antérieurs pourront

(1) M. Tarrible, Répert. de jurisp., v° Transcription, § 3, n° 2.

prendre inscription en vertu de l'art. 834 du C. de pr. civ. (1). La transcription des autres contrats est inutile, d'après M. Duranton; car la publicité donnée à la dernière vente a fait connaître à tous les créanciers hypothécaires ou privilégiés quel était l'immeuble qui venait d'être aliéné, et ils ont pu prendre les précautions nécessaires pour conserver les droits qu'ils avaient sur cet immeuble. D'ailleurs le texte des art. 2183, C. Nap. et 834, C. pr. civ., nous montre que le législateur n'a exigé qu'une seule transcription. Les nos 1 et 2 de l'art. 2183 ne parlent que de la transcription d'un seul et même acte de vente. L'art. 834 du C. pr. civ. nous dit que les créanciers qui n'auront pas pris inscription antérieurement à l'aliénation, ne pourront conserver leurs droits qu'en justifiant de l'inscription qu'ils auront prise depuis l'acte translatif de propriété, et au plus tard dans la quinzaine de la transcription de cet acte. On voit que dans cet article il n'est question que de la transcription du dernier acte d'aliénation. En outre, on fait remarquer « qu'imposer au dernier propriétaire qui voit purger son immeuble « l'obligation de transcrire tous les contrats non transcrits des « précédents détenteurs, ce serait exiger une formalité très « onéreuse, et dans plusieurs cas impossible à exécuter (2). » La transcription des contrats des précédents propriétaires n'est pas indispensable pour purger les hypothèques consenties par leurs vendeurs; car, aux termes de l'art. 2182, C. Nap., ce n'est pas la transcription qui constitue la purge. « L'opération de purger consiste essentiellement dans les notifications que pres- « crit l'art. 2183, C. Nap. » Le tiers acquéreur adresse ces notifications aux créanciers désignés dans le certificat que lui remet le conservateur des hypothèques, auquel il doit fournir les indications nécessaires pour découvrir les charges dont l'immeuble a été grevé par les précédents propriétaires. Or, au nombre de

(1) Cette opinion est aussi celle de Zachariæ, § 207, t. 1er.
(2) Arrêt de la Cour de cassation du 13 décembre 1813.

ces indications figure incontestablement le nom des vendeurs antérieurs; mais nous ne voyons nulle part que le seul moyen qu'ait le tiers acquéreur d'indiquer ces vendeurs, c'est de faire transcrire les contrats de vente qu'ils ont consentis. « Il a le choix « des moyens, puisque la loi ne lui en indique aucun. »

Entre ces deux systèmes, s'en place un troisième, généralement adopté par les auteurs et consacré par la pratique (1). On reconnaît que la transcription du dernier contrat de vente ne suffit pas pour avertir les créanciers ayant reçu hypothèque du chef des précédents vendeurs si ce contrat ne mentionne pas le nom de ces vendeurs. Mais si l'on trouve dans ce contrat l'indication des propriétaires entre les mains desquels l'immeuble a passé, on peut se dispenser d'exiger la transcription des autres contrats de vente. Cette transcription serait au contraire nécessaire si le dernier contrat ne relatait pas les aliénations précédentes. Ce système présente évidemment de grands avantages. Il donne satisfaction aux exigences de la publicité et en même temps il n'entraîne ni les dépenses ni les difficultés que l'on reproche avec raison au système de M. Tarrible.

Quant à nous, nous pensons que, sous l'empire du Code Napoléon et avant la rédaction du Code de procédure civile, alors que la transcription n'avait pas encore l'effet que lui a attribué l'art. 834 du Code de procédure civile, celui d'arrêter le cours des inscriptions, la transcription du dernier contrat de vente devait être considérée comme suffisante. Nous avons vu en effet quelle était l'utilité de la transcription relativement à la purge des hypothèques inscrites. Elle doit faire connaître aux créanciers les conditions de la dernière aliénation et leur fournir les renseignements nécessaires pour qu'ils puissent juger s'il y a lieu de surenchérir. Or, la transcription du dernier contrat leur donne à cet égard toutes les indications nécessaires. Comme le

(1) MM. Persil, Régime hypothécaire, art. 2181 et 2182, n° 21; Grenier, Traité des hypothèques, t. 2, n° 365; Troplong, Privil. et hypoth., art. 2181, n° 913.

fait remarquer avec justesse l'arrêt de la Cour de cassation que nous avons cité plus haut, l'opération de purger consiste essentiellement dans les notifications prescrites par l'art. 2183, C. Nap. Si les créanciers n'ont pas reçus ces notifications, l'immeuble ne sera pas purgé à leur égard, sauf le cas prévu par l'art. 2198, C. Nap. S'ils les ont reçues, ils ont été avertis utilement et ont été mis en demeure de surenchérir.

Mais l'art. 834 du Code de procédure civile est venu apporter un grand changement à cet état de choses. Il a fait de la transcription le point de départ d'un dernier délai accordé aux créanciers pour prendre inscription. Dès lors il fallait que la transcription pût faire connaître l'aliénation à tous ceux qui avaient acquis des privilèges et des hypothèques du chef des précédents propriétaires; et pour cela il était nécessaire qu'elle énonçât les noms de ces propriétaires. Il ne suffisait pas de désigner avec soin l'immeuble qui venait d'être vendu. Quelque exacte que fût cette désignation, elle pouvait encore laisser subsister quelque incertitude dans l'esprit des créanciers hypothécaires. D'ailleurs, il était fort possible que ces créanciers eussent une hypothèque générale et ne connussent pas en particulier chacun des immeubles sur lesquels portait cette hypothèque. Nous croyons, par conséquent, que dans l'état actuel de la législation, c'est la troisième opinion qui doit être adoptée. Mais nous ne pensons pas que l'on puisse invoquer en faveur de ce système le motif qui est présenté par M. Persil. Suivant cet auteur, c'est par la transcription que l'acquéreur qui demande au conservateur le certificat dont parle l'art. 2198, C. Nap., lui fait connaître les noms des précédents propriétaires qui ont pu concéder des hypothèques sur l'immeuble et sur la tête desquels les inscriptions ont pu être prises. Voilà pourquoi il est indispensable que le contrat qui est transcrit rapporte le nom des vendeurs antérieurs. Nous répondons à M. Persil, avec l'arrêt de la Cour de cassation du 13 décembre 1813, que la loi a laissé au tiers acquéreur le choix des moyens qu'il peut employer pour fournir au conservateur les indications nécessaires. Mais tout en écartant ce motif, nous n'en décidons pas moins que le tiers acquéreur qui veut purger ne peut se dispenser de faire transcrire les contrats antérieurs que dans le cas où, comme le dit M. Grenier, le dernier acte d'aliénation contient une espèce de généalogie de l'immeuble ; de telle sorte que tous ceux qui ont pu acquérir des hypothèques et des priviléges du chef du précédent propriétaire puissent, en se reportant aux registres des conservateurs, savoir que l'immeuble qui garantit leurs droits vient d'être aliéné et qu'ils doivent, à peine de déchéance, prendre inscription sans retard.

Nous venons de voir l'utilité de la transcription relativement à la purge des priviléges et hypothèques inscrits. La purge des hypothèques légales dispensées d'inscription et qui n'ont pas été inscrites, est soumise à des règles particulières que nous trouvons dans les art. 2194 et suivants du Code Napoléon. La transcription ne joue aucun rôle dans cette procédure. Elle est remplacée par le dépôt de l'acte d'aliénation au greffe du tribunal du lieu de la situation. En conséquence, nous ne nous occuperons pas de cette purge spéciale, mais nous nous demanderons si la transcription est nécessaire pour libérer l'immeuble des priviléges énoncés dans l'art. 2101 du Code Napoléon, qui sont dispensés de l'inscription par l'art. 2107 du même Code.

On ne peut appliquer à ces cas les règles tracées dans les art. 2181 et suivants, car les créanciers sont inconnus, et il est impossible de leur adresser les notifications prescrites par l'art. 2183, C. Nap. On ne saurait songer non plus à étendre aux priviléges dispensés d'inscription les dispositions du chapitre IX du titre des priviléges et hypothèques, car le législateur nous avertit expressément que ce chapitre ne traite que du mode de purger les hypothèque, quand il n'existe pas d'inscription sur les biens des maris et des tuteurs. Nous ne trouvons nulle part de règles spéciales sur cette purge, et cependant comment admettre que ces priviléges ne puissent pas être éteints par l'acquéreur de l'immeuble?

Pour sortir d'embarras, voici le moyen qui a été proposé par M. Tarrible (1), et adopté par M. Persil (2). Le tiers acquéreur fera transcrire son contrat d'acquisition, et si les créanciers privilégiés de l'art. 2101, C. Nap. n'ont pas pris inscription dans la quinzaine de la transcription, l'immeuble sera libéré de leurs priviléges. Ce système si simple s'appuie sur l'art. 834 du C. de pr. civ. Nous voyons en effet dans cet article que les créanciers privilégiés sur les immeubles sont tenus de prendre inscription dans la quinzaine de la transcription de l'acte translatif de propriété, sous peine de perdre le droit de surenchérir. L'article ne fait aucune exception pour les créanciers dont il est question dans les art. 2101 et 2107, C. Nap.. Voici en effet quels sont les termes du dernier paragraphe de l'art. 834, C. pr. civ. : Il en sera de même à l'égard des créanciers ayant privilége sur des immeubles, sans préjudice des autres droits résultant au vendeur et aux héritiers des art. 2108 et 2109 du C. Nap.

On opposera sans doute que ces priviléges étant dispensés d'inscription, on ne saurait contraindre les créanciers qui en jouissent à s'inscrire dans un délai déterminé, à peine de déchéance. Nous répondrons que le législateur du Code Napoléon nous a montré lui-même qu'il ne fallait pas tirer une conséquence pareille de cette circonstance qu'une hypothèque ou un privilége était dispensé d'inscription. Nous voyons en effet dans l'art. 2196 du C. Nap. que si les hypothèques légales des femmes ou des mineurs n'ont pas été inscrites dans les deux mois du dépôt de l'expédition du contrat, l'immeuble passe au tiers acquéreur, sans aucune charge à raison des créances que les femmes ou les mineurs pourraient avoir contre leurs maris ou leurs tuteurs. C'est un système analogue que MM. Tarrible et

---

(1) Répert. de jurisp., v° Transcription, § 2, n° 5.

(2) Régime hypothécaire, art. 2181 et 2182, n° 25.

Persil proposent d'appliquer à la purge des priviléges dispensés d'inscription.

EXPLICATION DE L'ART. 834 DU CODE DE PROCÉDURE CIVILE.

Cet article est ainsi conçu : « Les créanciers qui, ayant une hypothèque aux termes des art. 2123, 2127 et 2128 du Code Napoléon, n'auront pas fait inscrire leurs titres antérieurement aux aliénations qui seront faites, à l'avenir, des immeubles hypothéqués, ne seront reçus à requérir la mise aux enchères, conformément aux dispositions du chapitre VIII, titre XVIII du livre III du Code Napoléon, qu'en justifiant de l'inscription qu'ils auront prise depuis l'acte translatif de propriété, et au plus tard dans la quinzaine de la transcription de cet acte.

« Il en sera de même à l'égard des créanciers ayant privilége sur des immeubles, sans préjudice des autres droits résultant au vendeur et aux héritiers des art. 2108 et 2109 du Code Napoléon. »

La première réflexion que suggère la lecture de cet article, c'est qu'il est fort singulier de trouver dans le Code de procédure civile des dispositions qui devraient figurer évidemment dans le Code Napoléon, puisqu'elles contiennent des principes fondamentaux sur les effets de la transcription et sur les conditions auxquelles est soumis le droit de surenchère des créanciers hypothécaires. Pour expliquer cette bizarrerie, il faut se reporter aux circonstances qui ont donné naissance à l'art. 834 du C. de pr. civ.

Voici quels sont les événements qui ont amené ce résultat :

Le 24 vendémiaire an XIII, le ministre des finances avait consulté le ministre de la justice sur une circulaire que le directeur général de l'enregistrement avait adressée à tous les conservateurs des hypothèques pour leur enjoindre d'inscrire sans hésitation tous les titres de créances hypothécaires qui leur seraient présentés jusqu'à la transcription requise par les tiers acquéreurs, attendu que c'était la transcription seule qui devait arrêter le cours des inscriptions. Le ministre des finances, en communiquant cette circulaire au ministre de la justice, lui faisait connaître qu'il l'approuvait au fond, mais qu'elle lui semblait avoir été fort mal à propos adressée aux conservateurs, auxquels, disait-il, il n'est pas permis de refuser les inscriptions requises dans la forme prescrite par le Code, puisqu'ils ne sont pas les juges du mérite de ces inscriptions. Le ministre de la justice répondit qu'il n'approuvait la circulaire ni dans le fond ni dans la forme, et qu'il pensait que c'était l'aliénation qui arrêtait le cours des inscriptions, que la transcription n'était pas nécessaire à cet égard. Une controverse s'éleva entre les deux ministres, et, pour y mettre fin, le ministre de la justice fit un rapport sur la question au chef du gouvernement (1).

Le conseil d'État fut saisi de la difficulté, et le 11 fructidor an VIII, après un mûr examen et presque à l'unanimité, il rendit un avis fortement motivé, dans lequel il se prononçait en faveur de l'opinion soutenue par le ministre de la justice. Cet avis reçut l'approbation du chef du gouvernement, comme l'attestent, dit M. Locré, le mot approuvé et sa signature qu'on lit encore en marge de l'expédition déposée aux archives du conseil d'État.

Mais cette décision était contraire aux intérêts de la régie de l'enregistrement, dont elle devait diminuer les produits. Elle devait, en effet, réduire beaucoup le nombre des transcriptions; or, à cette époque l'on n'avait pas encore songé à introduire dans les lois fiscales cette disposition rigoureuse que nous trouvons dans la loi du 28 avril 1816, et qui exige que les droits de trans-

(1) L'opinion du ministre des finances et du directeur général de l'enregistrement reposait sur une erreur commise dans l'impression du discours prononcé par M. Grenier lorsqu'il avait présenté au Corps législatif le titre des hypothèques. On lui avait fait dire que la transcription ne pouvait avoir d'autre effet que d'arrêter le cours des inscriptions qui, sans cela, pourraient toujours être faites pour des hypothèques établies sur l'immeuble vendu, et réduire les hypothèques dont il devait être grevé à celles antérieures à l'acte translatif de la propriété, et qui auraient été inscrites jusqu'à la transcription. M. Grenier s'étant aperçu de cette erreur, la fit rectifier dans les exemplaires qui furent tirés postérieurement.

cription soient acquittés en même temps que les droits d'enregistrement, lors même que l'acte d'aliénation ne serait pas transcrit. La régie de l'enregistrement réclama donc vivement contre l'interprétation que le conseil d'État avait donné au Code Napoléon, et elle fut assez puissante pour empêcher la publication de l'avis du 11 fructidor an VIII et pour obtenir que la question fût de nouveau soumise au conseil d'État. « Le conseil, dit M. Locré, « fit de vains efforts pour maintenir son avis, il fallut céder. Mais « comme il eût été trop pénible de rédiger un avis qui n'était « pas réellement le sien, quelqu'un proposa de glisser dans le « Code de procédure quelques dispositions par lesquelles on « consacrerait ce changement fait au Code Napoléon. De là sont « venus les articles 834 et 835, Code proc. civ. On imagine bien « qu'ils n'ont pas été le sujet d'une longue discussion, ou plutôt « qu'ils n'ont pas été du tout discutés. »

Il nous a paru nécessaire de rapporter, avec quelque détail, les circonstances qui ont amené la rédaction de l'art. 834, Code de proc. civ., non-seulement à cause de leur originalité, mais encore parce qu'elles expliquent l'intercalation dans le Code de procédure d'une disposition qui est en désaccord complet avec le système général du Code Napoléon sur la transmission des biens susceptibles d'hypothèques, et parce qu'elles nous montrent que nous ne devons pas nous étonner des imperfections que nous trouverons dans le texte de cet article.

Nous avons examiné précédemment la question de savoir quelle était, d'après les principes du Code Napoléon, l'époque où s'arrêtait, en cas d'aliénation volontaire, le cours des inscriptions qui pouvaient êtres prises du chef du précédent propriétaire. Nous avons décidé que cette époque était celle de l'aliénation. Il en résulte, que la disposition de l'art. 834 du C. de pr. civ., est une innovation qui ne doit s'appliquer qu'aux actes d'aliénation postérieures à la promulgation du C. de pr. civ. C'est, du reste, ce qui est dit formellement dans cet article. On comprend facilement combien il eût été injuste de donner à cet article un effet rétroactif. Les tiers qui auraient acquis un immeuble sous l'empire du Code Napoléon seul, voyant qu'au moment de l'acquisition, il n'existait aucune inscription sur ce bien, en auraient acquitté le prix au vendeur en toute sécurité. Puis, tout d'un coup, ils auraient vu apparaître des créanciers hypothécaires qui les auraient contraints à délaisser ou à payer des dettes considérables, sans qu'il leur restât d'autre ressource qu'un recours peut-être illusoire contre le débiteur. C'est cette considération qui a déterminé le législateur du C. de pr. civ. à restreindre à l'avenir les effets de la nouvelle disposition. L'orateur du gouvernement disait avec raison au Corps législatif : « On a adopté pour le passé et pour l'avenir un parti qui res- « pecte les droits de l'un et de l'autre temps. »

L'art. 834, dit M. Carré, (1) est, sans contredit, l'un des plus importants du C. de pr. civ. A raison de cette importance, nous allons examiner successivement chacune des dispositions qu'il contient, et en donner une explication détaillée.

L'article commence par une énumération des créanciers hypothécaires, auxquels il confère le droit de s'inscrire dans la quinzaine de la transcription. Ce sont, dit-il, les créanciers qui ont une hypothèque aux termes des art. 2123, 2127 et 2128 du C. Nap. C'est-à-dire les créanciers qui ont, soit une hypothèque judiciaire, soit une hypothèque conventionnelle. Mais que doit-on décider à l'égard des créanciers qui ont une hypothèque légale? On distingue deux sortes d'hypothèques légales : les unes celle de la femme et celle des mineurs ou des interdits sont dispensées d'inscription par la loi. Il est tout naturel que l'art. 834 du C. de pr. civ. n'en parle pas; car le Code Napoléon a prescrit, relativement à la purge de ces hypothèques, des formalités particulières, au nombre desquelles la transcription ne figure pas. Le tiers détenteur doit, il est vrai, rendre public son contrat d'acquisition et avertir les femmes et les mineurs qu'ils doivent, s'ils veulent

(1) Des lois de la procédure civile, t. 5, p. 866.

conserver leurs droits de préférence, les faire inscrire dans un certain délai. Mais la publicité résulte non pas de la transcription du contrat sur les registres du conservateur; mais du dépôt au greffe du tribunal de l'arrondissement. Ainsi, le silence de l'art. 834, relativement aux hypothèques légales dispensées d'inscription s'explique facilement.

Mais il en est autrement en ce qui concerne les hypothèques légales soumises à l'inscription, celles de l'État, des communes et des établissements publics, sur les biens des receveurs et administrateurs comptables (art. 2121, C. Nap.), celle des légataires sur les immeubles de la succession (art. 1017, C. Nap.). On peut se demander si l'on doit conclure du silence du Code que les créanciers à qui appartiennent ces hypothèques ne pourront pas prendre inscription dans la quinzaine de la transcription ; on ne voit pas quel motif d'exclusion il pourrait y avoir à leur égard, et nous pensons, en conséquence, qu'il y a lieu de les admettre au bénéfice de l'art. 834, C. de pr. civ. C'est par suite d'un oubli qu'il n'en a pas été fait mention dans cet article. Il est probable que les auteurs de l'article 834, C. de pr. civ., n'ont songé qu'aux hypothèques légales dispensées d'inscription, celles du mineur et de la femme mariée. L'omission qu'ils ont commise aurait certainement été réparée si l'article avait été l'objet d'un examen approfondi. Mais, nous avons déjà dit, d'après le témoignage de M. Locré, qu'il n'y avait eu, pour ainsi dire, aucune discussion au conseil d'État.

En continuant la lecture de l'art. 834, C. de pr. civ., nous voyons qu'il s'applique aux créanciers *qui n'auraient pas fait inscrire leurs titres antérieurement à l'aliénation.* On a tiré de cette disposition un argument qui nous semble mettre un terme aux discussions qui s'étaient élevées sur la question de savoir si la transcription était encore nécessaire pour consolider à l'égard des tiers les aliénations à titre onéreux. Voici cet argument : L'art. 834 nous dit que la faculté de s'inscrire dans la quinzaine de la transcription, appartient aux créanciers qui n'auraient pas fait inscrire leurs titres antérieurement à l'aliénation. Or ceux-là seuls pouvaient prendre inscription qui avaient déjà reçu une hypothèque; donc l'art. 834 exclut tous ceux qui auraient reçu une hypothèque postérieurement à l'aliénation; c'est donc que l'hypothèque consentie à cette époque est sans valeur, parce que le vendeur avait perdu la faculté d'hypothéquer l'immeuble vendu. S'il a perdu le droit de l'hypothéquer, il a également perdu le droit de l'aliéner; car nous voyons, qu'en règle générale, ces deux sortes de droits sont soumis aux mêmes conditions. En effet, l'art. 2124, C. Nap., nous dit que ceux qui ont la capacité d'hypothéquer sont ceux qui ont la capacité d'aliéner. Nous voyons dans l'art. 128, C. Nap., que les envoyés en possession provisoire ne peuvent ni aliéner ni hypothéquer, dans l'art. 513, du même Code, que les prodigues peuvent être privés du droit d'aliéner ou de grever leurs biens sans l'assistance d'un conseil; dans l'art. 457, que le tuteur ne peut aliéner ni hypothéquer les biens immeubles du mineur sans une autorisation du conseil de famille, qui doit être homologuée par le tribunal.

S'il se présente quelques cas fort rares où celui qui possède l'un de ces droits ne jouisse pas de l'autre, ce sont des exceptions que l'on cite et qui sont fondées sur des motifs tout particuliers (1). Mais le principe en cette matière est écrit dans l'article 2124, C. Nap. Par conséquent, puisque l'art. 834, C. de pr. civ., ne reconnait pas valables les hypothèques consenties postérieurement à la vente, concluons-en qu'il en serait de même des aliénations, et que le vendeur s'est trouvé dessaisi de l'immeuble à l'égard de tous, indépendamment de toute transcription.

On doit remarquer que l'art. 834, C. pr. civ., parle des aliénations en général, sans faire de distinction entre les aliénations à titre onéreux et les aliénations à titre gratuit. On en a conclu que les créanciers à qui le donateur aurait conféré une

---

(1) V. l'art. 1507, Code Nap.

hypothèque postérieurement à la donation ne pourraient pas utilement prendre inscription, lors même que la donation n'aurait pas été transmise au moment où leur droit avait pris naissance. Nous croyons qu'on ne peut admettre une semblable interprétation en présence de l'art. 941 du Code Napoléon, où nous lisons : « Le défaut de transcription pourra être opposé « par toutes personnes ayant intérêt, excepté toutefois celles « qui sont chargées de faire faire la transcription ou leurs ayants « cause et le donateur ». Puisque le donateur a conservé le droit d'aliéner l'immeuble, il a évidemment conservé le droit de l'hypothéquer. Mais nous devons faire remarquer que l'art. 834, C. pr. civ., déroge sous un autre rapport à l'art. 941, C. Nap. En effet, il permet aux créanciers de s'inscrire même dans un délai de quinzaine à partir de la transcription ; tandis que, d'après l'art. 941, ils n'auraient conservé ce droit que jusqu'à la transcription.

Après avoir vu quels étaient les créanciers qui étaient admis à prendre inscription dans la quinzaine de la transcription, voyons quel avantage leur procurera cette inscription : « Ils « pourront, nous dit l'art. 834, requérir la mise aux enchères « conformément aux dispositions du chapitre VIII, titre XVIII du « livre III du Code Napoléon ». On s'est demandé s'il fallait s'en tenir rigoureusement aux termes de l'art. 834, et n'admettre les créanciers inscrits dans la quinzaine de la transcription qu'à requérir la mise aux enchères, sans qu'ils pussent se faire colloquer sur le prix à la date de leur inscription et préférablement aux créanciers chirographaires, ou bien s'ils devaient jouir des mêmes avantages que les créanciers hypothécaires inscrits antérieurement à l'aliénation. On décide généralement que l'inscription prise dans la quinzaine de la transcription produit, sauf la différence résultant de l'art. 835, C. pr. civ., les mêmes effets que celle qui aurait été prise avant l'aliénation ou avant la transcription. « On ne peut, dit M. Grenier (1), mettre

(1) Traité des hypothèques, t. 2, n° 351.

« sérieusement l'art. 834 en opposition avec le principe général « du Code civil, d'après lequel on n'a le droit d'enchérir sur le « prix d'une vente volontaire qu'autant qu'on est créancier hypo- « thécaire ». On comprend facilement que la faculté de surenchérir ne peut appartenir qu'à des créanciers qui ont un droit réel sur l'immeuble vendu. Les créanciers chirographaires ne peuvent critiquer les aliénations consenties par leur débiteur que lorsqu'elles ont lieu en fraude de leurs droits (art. 1167, C. Nap.). Or, l'art. 834, C. pr. civ., ne suppose rien de pareil. Si donc cet article reconnait aux créanciers inscrits dans la quinzaine de la transcription le droit de surenchérir, c'est qu'il les considère comme de véritables créanciers hypothécaires ayant un droit réel sur l'immeuble vendu. La conséquence nécessaire de ce droit réel, c'est qu'ils doivent être payés de préférence aux créanciers chirographaires, et les principes du Code Napoléon sur le rang des créanciers hypothécaires nous amènent nécessairement à décider qu'ils seront payés suivant la date de leur inscription. Il ne saurait, du reste, exister aucun doute sur l'intention des auteurs de l'article. Voici ce que nous lisons dans le discours de l'orateur du gouvernement au Corps législatif : « A l'égard des créanciers, ils conserveront désormais la « faculté de s'inscrire jusqu'à l'expiration de la quinzaine de la « transcription de l'acte d'aliénation. Leur inscription tardive « leur assignera parmi les créanciers un rang inférieur ; mais « elle n'éteindra pas leurs droits sur le fonds aliéné et envers le « tiers acquéreur ».

Il résulte nécessairement de ce que nous venons de dire que les créanciers qui ne se seraient pas inscrits dans le délai fixé par l'art. 834, C. proc. civ. auraient complétement perdu leur hypothèque et seraient redescendus au rang de simples créanciers chirographaires. En effet, nous venons de voir que le droit de surenchérir est intimement lié au droit de se faire colloquer par préférence sur un immeuble et que si l'un d'eux disparaît, l'autre s'éteint en même temps. La démonstration de cette vérité est encore plus facile lorsqu'on se place au point de vue que nous examinons en ce moment. Quelle serait la position du créancier hypothécaire qui ne pourrait provoquer la mise aux enchères de l'immeuble hypothéqué? Comme le dit M. Tarrible (1), il aurait perdu tout ce qui constitue le nerf et la garantie de l'hypothèque. Il ne pourrait plus faire en sorte que l'immeuble fût vendu à sa juste valeur. Si l'aliénation a été consentie à des conditions désavantageuses pour le vendeur, et cependant sans fraude ; si, par suite, le créancier hypothécaire ne vient pas en ordre utile, il ne pourra que gémir et regretter le retard qu'il a mis à s'inscrire. Nous le demandons, pourrait-on considérer un créancier réduit à cette fâcheuse position comme un créancier ayant un droit réel sur un immeuble? Ou plutôt, peut-on admettre, sans y être contraint par un texte formel, que la loi ait donné à un créancier un droit de préférence qui serait accompagné de garanties si faibles? Non certainement. Disons donc que le créancier qui ne s'est inscrit qu'après la quinzaine de la transcription n'a aucun droit de préférence et ne peut être colloqué qu'au marc le franc comme tout autre créancier chirographaire.

L'inscription doit être prise au plus tard dans la quinzaine de la transcription. Il nous semble que les termes de la loi ne permettent aucune hésitation sur la manière dont on doit calculer ce délai. Le jour de la transcription ne compte pas ; et c'est jusqu'à l'expiration du quinzième jour, à partir de celui ou l'acte d'aliénation a été transcrit, que les créanciers hypothécaires pouvaient s'inscrire. Après l'expiration de ce quinzième jour, nous ne sommes plus dans la quinzaine de la transcription ; le délai est expiré (2).

Le dernier paragraphe de l'art. 834 C. pr. civ., nous avertit que les règles qui viennent d'être posées relativement à l'ins-

---

(1) Répert. de jurisprudence, v° Inscription hypothécaire, § 4, n° 8.
(2) Carré et Chauveau, Lois de la procédure civile, t. 5, p. 510 et 873.

cription des hypothèques, sont également applicables à l'inscription des priviléges, « sans préjudice des autres droits résultant, « au vendeur et aux héritiers, des art. 2108 et 2109 du C. Nap. » L'interprétation de cette dernière phrase n'est pas sans difficulté.

Voyons d'abord en quoi consiste l'exception qui est faite en faveur du vendeur? L'art. 834, C. pr. civ., fait évidemment allusion à ces mots de l'art. 2108, C. Nap. : « La transcription du « contrat faite par l'acquéreur vaudra inscription pour le ven- « deur. » Et il a voulu nous dire que si le contrat de vente avait été transcrit, le vendeur, en cas de revente consentie par son acheteur, n'aura pas besoin pour conserver son privilége de prendre une nouvelle inscription; mais s'il n'y a pas eu de transcription du contrat consenti par le vendeur primitif, ce créancier devra, comme tout autre créancier hypothécaire ou privilégié, prendre inscription dans la quinzaine de la transcription de l'acte d'aliénation subséquent, sinon il aura perdu son privilége sur l'immeuble vendu. M. Persil n'est pas de cet avis : il croit que l'art. 834, C. pr. civ., a voulu réserver au vendeur qui ne se serait pas inscrit dans le délai fixé, un droit de préférence qui subsisterait même après l'extinction du droit de surenchérir. Ce qui le prouve, suivant lui, d'une manière incontestable, c'est que le vendeur a conservé, indépendamment de toute inscription, un droit de résolution. Nous ne pensons pas que la persistance du droit de résolution nous conduise nécessairement à décider que le droit de préférence n'a pu s'éteindre faute d'inscription. Il faut bien reconnaître, ainsi que nous l'avons fait remarquer précédemment, qu'il n'y a pas une concordance parfaite entre les dispositions du Code Napoléon relatives au droit de résolution du vendeur, et celles qui régissent la conservation de son privilége; et ce qui le démontre bien clairement, c'est justement notre article 834, C. pr. civ. Nous y voyons que si le vendeur n'a pas rendu son privilége public, il aura perdu le droit de surenchérir, et il est certain qu'il n'en aura pas moins conservé le droit de résolution. L'argument *à fortiori* que fait M. Persil n'est donc pas admissible. En outre, nous avons vu qu'on peut expliquer les dispositions de l'art. 834, C. pr. civ., en ce qui concerne le privilége du vendeur sans recourir à une doctrine dont la conséquence est de conserver au vendeur un privilége dénué de garanties sérieuses. Disons donc simplement que cet article se borne à nous faire connaître que si les droits du vendeur ont été conservés par une transcription requise soit par lui, soit par l'acquéreur, il n'est pas tenu de prendre une nouvelle inscription.

Passons maintenant aux dispositions qui concernent le privilége du copartageant. L'art. 2109, C. Nap., auquel nous renvoie le dernier paragraphe de l'art. 834, C. de pr. civ., est ainsi conçu : « Le cohéritier ou copartageant conserve son pri-« vilége sur les biens de chaque lot ou sur le bien licité, pour « les soulte et retour de lots, ou pour le prix de la licitation « par l'inscription faite à sa diligence dans soixante jours, à « dater de l'acte de partage ou de l'adjudication par licitation ; « durant lequel temps aucune hypothèque ne peut avoir lieu « sur le bien chargé de soulte ou adjugé par licitation, au pré-« judice du créancier de la soulte ou du prix. » On serait tenté de croire que le sens de l'art. 834, C. pr. civ., est que le copartageant pourra conserver le droit de surenchérir par une inscription prise dans les délais établis par l'art. 2109, C. Nap., c'est-à dire dans les soixante jours du partage, lors même que cette inscription n'aurait été prise que quinze jours après la transcription de l'acte d'aliénation consenti par le propriétaire de l'immeuble grevé du privilége. Il est vrai que le copartageant, inscrit postérieurement à l'aliénation, n'aurait pu exercer que difficilement son droit de surenchère, puisque, aux termes de l'art. 835, C. pr. civ., il n'aurait pas reçu de notifications de l'acquéreur ; mais, enfin, s'il avait pu recueillir par lui-même les renseignements nécessaires, il aurait été admis à surenchérir. Mais il paraît à peu près certain que les rédacteurs de l'article 834, C. pr. civ., n'ont pas voulu déroger, en faveur du copartageant, à cette règle générale que tous les créanciers dont l'hypothèque ou le privilége est soumis à l'inscription doivent prendre inscription au plus tard dans la quinzaine de la transcription. Quel est alors le sens du renvoi à l'art. 2109, C. Nap.? Le voici : on a voulu dire que si l'inscription prise dans la quinzaine de la transcription se trouvait avoir été prise dans les soixante jours, à compter du partage, les copartageants auraient conservé un véritable privilége. Si, au contraire, au moment de l'inscription, les soixante jours sont expirés, le créancier ne prendra rang qu'à la date de son inscription.

On a remarqué sans doute que l'art. 834, qui prend soin de réserver les droits attribués au vendeur et au copartageant par les art. 2108 et 2109, ne fait aucune mention de ceux des créanciers et légataires qui veulent demander la séparation des patrimoines et auxquels s'applique l'art. 2111, C. Nap. Comment peut-on expliquer le silence de la loi sur ce point important? Et quelle sera la position de ces créanciers ou légataires?

Cette question a donné naissance à deux systèmes que nous allons exposer successivement.

Premier système. — D'après M. Duranton (1), le droit de demander la séparation des patrimoines est un véritable privilége, et ce qui le prouve, c'est le texte de l'art. 2111, C. Nap., où nous lisons en propres termes : « Les créanciers et légataires » qui demandent la séparation des patrimoines..... conservent » LEUR PRIVILÉGE..... » Par conséquent, nous devons appliquer à ce droit la législation commune à tous les priviléges sur les immeubles, sous la réserve des règles particulières tracées par le Code. Nous déciderons donc que le privilége doit être rendu public par l'inscription sur les registres du conservateur des hypothèques. L'art. 2111, C. Nap., nous apprend que si cette inscription est prise dans les six mois à dater de l'ouverture de la

(1) T. 19, § 220 et suiv.

succession, aucune hypothèque n'aura pu, pendant ce délai, être établie avec effet sur les biens de la succession par les héritiers ou représentants, au préjudice des créanciers ou légataires qui auront demandé la séparation des patrimoines. Passé le délai de six mois, l'inscription produira son effet à sa date (art. 2113, C. Nap.). Sous l'empire du Code Napoléon, dès que les immeubles avaient été aliénés par les héritiers, le droit des créanciers et légataires était éteint (art. 880, C. Nap.). Cette disposition n'était que l'application de la règle générale établie dans l'article 2166, C. Nap., où nous voyons que le droit de suite n'appartient aux créanciers privilégiés ou hypothécaires que s'ils se sont inscrits avant l'aliénation. L'art. 834, C. de pr. civ., qui a renversé le système général de l'art. 2166, C. Nap., doit donc avoir également abrogé l'art. 880, C. Nap. C'est, en effet, ce qu'il a fait, car ces mots, que nous lisons dans le dernier alinéa : « Il en sera de même à l'égard des créanciers ayant privilége sur des immeubles, » portent sur le privilége des créanciers ou légataires qui demandent la séparation des patrimoines comme sur tous les autres priviléges sur les immeubles. En conséquence, dans l'état actuel de notre législation, voici quelles sont, dans les différents cas qui peuvent se présenter, les conditions nécessaires pour la conservation du droit de demander la séparation des patrimoines : 1° L'immeuble n'a pas été aliéné. —Les créanciers ou légataires pouvaient toujours s'inscrire ; s'ils s'inscrivent dans les six mois de l'ouverture de la succession, ils primeront tous les créanciers à qui l'héritier aura conféré une hypothèque depuis l'ouverture de la succession et qui se seront inscrits avant eux ; s'ils s'inscrivent après les six mois, ils ne prendront rang qu'à la date de leur inscription. 2° L'immeuble a été aliéné dans les six mois de l'ouverture de la succession. — Les créanciers ou légataires doivent s'inscrire au plus tard dans la quinzaine de la transcription, lors même que le délai de six mois ne serait pas encore expiré. Cette inscription leur assure le droit de suite et le droit de préférence tel qu'il est déterminé par l'art. 2111, C. Nap. 3° L'immeuble a été aliéné après l'expiration des six mois à partir de l'ouverture de la succession. — Les créanciers ou légataires peuvent s'inscrire dans la quinzaine de la transcription de l'acte d'aliénation ; ils conserveront ainsi le droit de suite et le droit de préférence, conformément à l'art. 2113, C. Nap.

Deuxième système. — C'est celui de MM. Troplong (3), Zachariæ, Aubry et Rau (2). D'après ces auteurs, le droit de demander la séparation des patrimoines n'est pas un privilége. En effet, il est impossible d'appliquer à ce droit la définition que l'art. 2095, Code Napoléon, donne du privilége. Nous ne pouvons mieux faire pour établir ce principe que de reproduire les termes dont se servent MM. Aubry et Rau ; voici comment ils s'expriment : « Indistinctement accordé à tous les créanciers « héréditaires et à tous les légataires, ce droit de préférence ne « tire pas sa source de la qualité de la créance ; il résulte vir- « tuellement de la séparation du patrimoine du défunt d'avec « celui de l'héritier. Aussi ne constitue-t-il pas, à vrai dire, une « exception au principe d'après lequel les biens du débiteur for- « ment le gage commun de ses créanciers ; il est plutôt à envi- « sager comme une conséquence de la règle : *bona non intelli-* « *guntur nisi deducto œre alieno.* On doit d'autant moins s'ar- « rêter au terme privilége, employé dans l'art. 2111, Code Na- « poléon, que cet article ne s'en sert pas pour qualifier, par « forme de disposition, mais simplement pour désigner, d'une « manière démonstrative le droit de préférence résultant de la « séparation des patrimoines et que ce droit n'est pas classé au « nombre des priviléges par les art. 2101, 2102 et 2103, Code « Napoléon, lesquels contiennent cependant l'indication com- « plète des différents priviléges établis par le Code. »

(1) Privil. et hypoth. t. 1, n°s 323 et suiv.
(2) Cours de droit civil français, n° 618, note 37.

Ce principe une fois admis, on doit reconnaître que l'art. 834, Code proc. civ., n'est pas applicable au droit de demander la séparation des patrimoines, puisque dans l'opinion contraire le seul argument que l'on employait était tiré de ces termes généraux de l'art. 834 : « Il en sera de même à l'égard des créan- » ciers ayant privilége sur les immeubles. »

MM. Aubry et Rau font d'ailleurs remarquer que rien n'eût été plus inconséquent que d'étendre aux créanciers et légataires qui demandent la séparation des patrimoines la disposition de l'art. 834, Code proc. civ. En effet, le but de cet article a été d'améliorer la position des créanciers hypothécaires et privilégiés en prolongeant le délai pendant lequel ils pouvaient s'inscrire. Or, relativement aux créanciers et légataires qui demandent la séparation des patrimoines, on serait arrivé à un résultat tout opposé. Il est universellement admis qu'il conservent leurs droits même après l'aliénation, tant que le prix n'a pas été encore payé à l'héritier; parce que jusqu'à ce moment il n'existe aucune confusion entre le patrimoine du défunt et celui de l'héritier. Mais en exigeant qu'ils se fussent inscrits au plus tard dans la quinzaine de la transcription, « on empirerait leur position en » leur imposant une condition qui ne leur était pas prescrite et » en les soumettant à une déchéance à laquelle ils n'étaient pas » exposés. »

Enfin, comment pourrait-on expliquer que l'art. 834, Code proc. civ. n'eût pas fait à l'égard des créanciers et légataires de l'art. 2111, Code Napoléon, la même réserve qu'à l'égard des copartageants ? Le silence du législateur suffirait à lui seul pour trancher la question qui nous occupe en nous démontrant qu'il n'a entendu apporter aucune modification aux règles du Code Napoléon sur la séparation des patrimoines.

Nous adoptons ce dernier système, et nous décidons, en conséquence, que les créanciers et légataires conservent le droit de demander la séparation des patrimoines tant que les immeubles sont entre les mains de l'héritier, et même tant que le prix n'a pas été payé. S'ils s'inscrivent dans les six mois de l'ouverture de la succession, ils jouiront du bénéfice qui leur est accordé dans l'art. 2111, Code Napoléon. S'ils s'inscrivent après les six mois, ils ne prendront rang qu'à la date de leur inscription.

Nous avons terminé l'exposition des principes établis dans l'art. 834, Code proc. civ., et la discussion des questions nombreuses et compliquées qu'il soulève. On a pu reconnaître combien il est fâcheux que, par condescendance pour le fisc, on ait eu recours à cet expédient législatif auquel, dit M. Valette (1), on n'eût sans doute pas songé si le Code de procédure eût été rédigé après la loi de finance de 1816. Il est impossible de ne pas être frappé du désaccord qui existe entre l'art. 834, Code proc. civ. et les principes du Code Napoléon sur l'inscription des priviléges et des hypothèques. Que voyons-nous, en effet, dans l'art. 2166, Code Napoléon? c'est que les seuls créanciers qui peuvent suivre l'immeuble entre les mains d'un tiers détenteur sont les créanciers inscrits. Le principe en cette matière est donc que l'immeuble ne peut plus être frappé d'inscription une fois qu'il est sorti du patrimoine du débiteur (2). Or, l'art. 834, Code proc. civ. est en contradiction manifeste avec ce principe.

M. Tarrible a essayé de démontrer que l'art. 834, Code proc. civ. n'était qu'une application des principes du Code Napoléon. Voici comment il raisonne : Le tiers détenteur, tant qu'il n'a pas annoncé l'intention de purger, est tenu de la dette comme un successeur à titre universel, et, ce qui le prouve, c'est qu'il est tenu de payer toutes les dettes (art. 2167, Code Napoléon) ; de les payer intégralement (art. 2168), qu'il jouit des termes et délais accordés au débiteur originaire (art. 2167). Par conséquent, on devait nécessairement admettre que les créanciers devaient se comporter à son égard comme à l'égard du débiteur

---

(1) De l'effet ordinaire de l'inscription en matière de priviléges sur les immeubles, page 84 note 2.

(2) Zachariæ, t. 2, § 272, no 2.

principal et qu'ils pouvaient prendre inscription sur l'immeuble entre les mains du tiers détenteur comme ils le pouvaient avant l'aliénation.

A quelle époque ce droit cessera-t-il de leur appartenir ? Au moment où le tiers détenteur ne pourra plus être considéré comme successeur particulier, ce qui arrivera quand le tiers détenteur voudra purger. Il annonce cette intention par la transcription. C'était donc rigoureusement jusqu'à la transcription que l'on devait permettre aux créanciers de prendre inscription ; mais il fallait bien leur laisser un délai pour s'inscrire depuis le moment où ils avaient appris que le nouvel acquéreur voulait purger. C'est ainsi que l'on a été conduit à accorder aux créanciers un délai de quinze jours à partir de la transcription.

M. Tarrible arrive ainsi à cette conclusion que l'art. 834, Code proc. civ., « peut, sous un certain point de vue, rentrer dans le « système du Code Napoléon. »

Son raisonnement, qui séduit au premier abord, parce qu'il est ingénieux, nous semble pécher par la base. Il nous semble impossible de dire que le tiers détenteur, même lorsqu'il n'a pas manifesté l'intention de purger, est tenu comme un successeur à titre universel. Les termes de l'art. 2167, Code Napoléon, ne peuvent laisser aucun doute sur cette question : « Si le tiers détenteur « ne remplit pas les formalités qui seront ci-après établies pour « purger sa propriété, il demeure, par l'effet seul des inscrip- « tions, obligé *comme détenteur* à toutes les dettes hypothécai- « res et jouit des termes et délais accordés au débiteur origi- « naire. » Peut-on donner le nom de successeur à titre universel à un homme que la loi nous dit être obligé comme détenteur et qui peut, en abandonnant l'immeuble, se soustraire à toutes les poursuites des créanciers ? Évidemment l'opinion de M. Tarrible repose sur une erreur, et nous ne pouvons pas admettre la conciliation qu'il propose.

L'art 834, Code proc. civ., a introduit une disposition avantageuse pour les créanciers hypothécaires ou privilégiés qu'elle a mis à l'abri des aliénations clandestines, que le débiteur pourrait consentir à leur préjudice ; mais on ne peut nier qu'il ait sacrifié les intérêts des acquéreurs. Les auteurs du Code Napoléon avaient jugé qu'il fallait faire connaître toutes les charges qui grevaient un immeuble afin que celui qui en deviendrait propriétaire pût savoir au juste quelle serait sa position. Or, aujourd'hui l'acquéreur d'un immeuble peut toujours craindre de voir apparaître des créanciers qui lui étaient inconnus et qui compromettront sa sécurité. En même temps, l'état des choses actuel ne présente aucun des avantages que nous trouvions dans la législation de brumaire an VII.

Les inconvénients que présente cette disposition ont, du reste, frappé si vivement l'esprit des jurisconsultes, que dans le projet de loi qui est en ce moment soumis au corps législatif, le gouvernement propose purement et simplement l'abrogation des articles 834 et 835, Code proc. civ.

POSITIONS.

DROIT ROMAIN.

I. Lorsqu'une personne a hypothéqué successivement à deux créanciers une chose dont elle n'était pas propriétaire, si plus tard elle acquiert cette chose, les créanciers ne concourent pas.

II. Le fisc n'a pas de privilége lorsqu'il a contracté comme un simple particulier.

III. Le créancier qui a vendu la chose en vertu de son hypothèque, n'est pas tenu de la garantie.

IV. Dans le dernier état de la jurisprudence romaine, pour qu'une hypothèque constituée au second rang fût valable, il suffisait que le débiteur eût été propriétaire de la chose à un moment quelconque, depuis la constitution de l'hypothèque, lors même qu'il aurait cessé de l'être au moment du désintéressement du premier créancier.

V. On peut expliquer sans correction la loi 7, § 2, *de distractione pignorum* (Digeste).

VI. Si le créancier est convenu, en vendant la chose hypothéquée, qu'il pourrait la reprendre en désintéressant l'acheteur, le débiteur pourra profiter de cette clause.

VII. Dans ce cas, si on suppose qu'il n'y ait eu qu'un pacte d'hypothèque, mais que, postérieurement, le créancier ait été mis en possession de la chose hypothéquée, le débiteur aura contre lui l'action pignératitienne directe, pour se faire céder l'action qui appartient au créancier contre l'acheteur.

DROIT FRANÇAIS.

I. La transcription ou l'inscription prise pour la conservation du capital du prix de vente, ne conserve que deux années d'intérêt et l'année courante.

II. Si le privilége du vendeur a été rendu public par la voie de la transcription ou de l'inscription avant les événements qui font perdre aux créanciers le droit de s'inscrire, l'effet de la transcription ou de l'inscription remontera au jour de la vente.

III. Le tiers détenteur doit être considéré comme étant de mauvaise foi relativement à la prescription de l'hypothèque, toutes les fois qu'il est établi qu'au moment où a commencé la prescription il avait connaissance des priviléges ou des hypothèques qui grevaient l'immeuble.

IV. On devait décider, même avant l'art. 834, C. pr. civ., que la transcription n'était pas nécessaire, sous l'empire du Code Napoléon, pour consolider, à l'égard des tiers, les aliénations à titre onéreux de biens susceptibles d'hypothèque.

V. L'héritier qui a payé sa part de la dette ne peut pas purger.

VI. Il n'est pas nécessaire de transcrire les jugements d'adjudication sur expropriation forcée.

VII. Le jugement d'adjudication des immeubles d'un mineur doit être transcrit.

VIII. Le jugement d'adjudication des biens d'un failli ne doit pas l'être.

IX. Lorsqu'il y a eu plusieurs ventes successives qui n'ont pas été transcrites, il suffit, pour purger l'immeuble, de transcrire le dernier contrat de vente, s'il contient les noms des précédents propriétaires.

X. Le copartageant qui ne s'est pas inscrit dans la quinzaine de la transcription, a perdu le droit de suite et le droit de préférence.

XI. Le droit de demander la séparation des patrimoines n'est pas un privilége.

XII. L'expropriation forcée purge les hypothèques dispensées d'inscription, comme les autres hypothèques.

DROIT DES GENS.

I. Lorsqu'un beau-frère et une belle-sœur, tous deux étrangers, veulent faire célébrer leur mariage en France, il ne suffit pas qu'ils justifient de dispenses accordées par leur gouvernement, il faut qu'ils en obtiennent du gouvernement français.

II. La caution *judicatum solvi* peut être exigée de l'étranger demandeur par l'étranger défendeur, comme par le Français défendeur.

DROIT PÉNAL.

I. Lorsque l'accusé a été déclaré coupable d'un fait qui n'entraîne qu'une peine correctionnelle, c'est au jury qu'il appartient d'examiner s'il y a lieu de lui accorder le bénéfice des circonstances atténuantes.

II. La subornation de témoins n'est pas punissable lorsque le témoin, ayant repoussé les offres qui lui étaient faites, a déposé selon la vérité.

HISTOIRE DU DROIT.

I. La recommandation est l'origine de la main-morte.

II. L'origine du droit d'aubaine remonte à l'époque franque.

III. Le principe, en fait de meubles possession vaut titre, a pris naissance en Allemagne.

IV. Il est probable que l'origine du droit de mainetć était une idée de protection pour le dernier né, qui a moins de force que ses frères pour subvenir à ses besoins.

Vu par le président de la thèse,
DE VALROGER.

Vu par le Doyen,
C.-A. PELLAT.

Permis d'imprimer :

Le Recteur de l'Académie,
CAYX.

www.ingramcontent.com/pod-product-compliance
Ingram Content Group UK Ltd.
Pitfield, Milton Keynes, MK11 3LW, UK
UKHW022107190726
13855UKWH00002B/699